CB130304

© César Machado e Andrea Machado, 2025
Direitos da edição reservados à Libretos Editora.

Edição
Rafael Guimaraens

Coordenação e design gráfico
Clô Barcellos

Capa
Foto de Dyonelio Machado, Acervo Dyonelio Machado/Delfos/PUCRS

Reproduções
Marco Nedeff

Fotografias
Acervo Dyonelio Machado/Delfos/PUCRS
Agradecimento especial a Daniela Ketzer

Preparação
Gisele Figueiredo

Revisão
Beto Arreguy

Administrativo
Andrea Ruivo

Dados Internacionais de Catalogação na Publicação (CIP)
Daiane Schramm CRB-10/1881

M149m Machado, Dyonelio

Memórias de um pobre homem. / Dyonelio Machado.
2.ª ed. – Porto Alegre: Libretos, 2025.

160p.; 14x21cm

ISBN 978-85-5549-068-2

1. Literatura. 2. Política. 3. Memórias. I. Título.

CDD B869.3

CDU 82-92

Catálogo sistemático
Política: CDD 320

Libretos
Rua Peri Machado, 222, Bloco B, 707
Porto Alegre, RS, Brasil, CEP 90130-130

www.libretos.com.br
libretos@libretos.com.br
@libretoseditora

DYONELIO MACHADO

Memórias de um pobre homem

Libretos

PORTO ALEGRE, 2025

2ª. EDIÇÃO

Dyonelio com a família:
a esposa Adalgiza e os
filhos, Paulo e Cecília

SUMÁRIO

Sua máquina de escrever e o desenho feito pela artista plástica Clara Pechansky

Memórias de Um Pobre Homem

IV — «Sursis à l'Éxécution»

D

Sentamos três no banco dos réus. É um banco duro, não sei se sabem. É desconfortável em todos os sentidos. Éramos: Marciano, Bernardino e eu.

Na polícia eu ainda fizera uma tentativa de ~~nos~~ safar da condenação. Um político militante — ativista — é útil em qualquer lugar, mesmo no cárcere; mas ainda é mais útil em liberdade. Assim, procurei atenuar a culpa~~s~~ dos três. Neste sentido, as minhas declarações não continham todo o ~~seu~~ «veneno», ~~é~~ — base em que se ia ~~redigindo~~ datilografando o competente têrmo.

A polícia porém não se dava por satisfeita. Insistia sôbre os pontos nevrálgicos. Parecia saber de coisas que eu teria feito, e que não julgava oportuno confessar. Num dado momento o inquisidor suspendeu o interrogatório pra dar uma ordem: e o Bernardino ~~entrou na sala~~ entrou.

APRESENTAÇÃO

Do menino ao militante

Rafael Guimaraens*

Dyonelio Machado tem um lugar próprio e peculiar na literatura do Rio Grande do Sul, como autor de romances nos quais vicejam a ironia, a estranheza e o compromisso inarredável com suas convicções tanto como cientista quanto ser político. Do menino empurrado à precocidade pela morte trágica do pai, do jovem que vem à capital e se envolve de corpo e alma com o ambiente cultural efervescente, do médico que escolheu a psiquiatria para melhor entender o comportamento humano, do positivista que aderiu ao socialismo, do militante perseguido por suas ideias, sua vivência multifacetada acompanha os grandes movimentos do século 20, os quais ele observa com seu olhar acurado e profundamente sincero, cujas reflexões fazem parte deste livro.

Memórias de um pobre homem é relançado pela Libretos para marcar os 130 anos de nascimento de Dyonelio Machado (Quaraí, 21 de agosto de 1895), os 40 anos de sua morte (Porto Alegre, 19 de junho de 1985) e os 90 anos do lançamento de *Os ratos*, considerado por muitos críticos como sua obra-prima.

Preservamos o conteúdo da primeira edição (Instituto Estadual do Livro, 1990), com pesquisa, apresentação e notas da professora Maria Zenilda Grawunder que enriqueceram

(*) Jornalista e escritor.

os originais manuscritos e datilografados deixados por Dyonelio Machado, com a necessária correção segundo o Acordo Ortográfico da Língua Portuguesa e o cuidado de atualizar as informações, especialmente quanto aos livros do autor lançados posteriormente.

A apresentação da professora Maria Zenilda na presente edição é publicada como posfácio. Na época, ela sugeriu à família a organização do Acervo Literário Dyonelio Machado, a partir de uma pesquisa conjunta envolvendo o Centro de Pesquisas Literárias da PUCRS e o Instituto Estadual do Livro, capaz de oferecer, nas palavras dela, "rica fonte para futuros estudos de interesse da história da literatura, pois a obra desse autor não se circunscreve e seu tempo, mas projeta-se no tempo".

Esse acervo encontra-se cuidadosamente preservado no Delfos – Espaço de Documentação e Memória Cultural, da Pontifícia Universidade Católica do Rio Grande do Sul e sua existência foi fundamental para a construção deste livro. À edição original, agregamos fotografias, reprodução em cores de textos e apontamentos originais e material iconográfico relacionados ao autor.

Por fim, acrescentamos o conto "Noite no acampamento", que fazia parte de seu primeiro livro, *Um pobre homem*, lançado em 1927. Republicado em 1942 pela *Revista do Globo*, em pleno Estado Novo, o conto provocou uma forte reação nos meios militares que viram nele uma crítica ao comportamento do Exército na Guerra do Paraguai. Dyonelio, que já havia passado dois anos no presídio de Ilha Grande, foi chamado a depor, ele e sua família foram ameaçados, a ponto de tomar a drástica decisão de retirá-lo do livro. Assim, "Noite no acampamento" não faz parte da reedição de 1995 (Editora Ática). Com autorização da família, incluímos o conto neste volume não apenas por essa peculiaridade histórica, mas por seu valor literário como um dos pioneiros da literatura de fronteira, presente em muitos aspectos da obra de Dyonelio.

Esperamos que a reedição neste livro desperte interesse pela leitura deste autor tão importante para a nossa cultura.

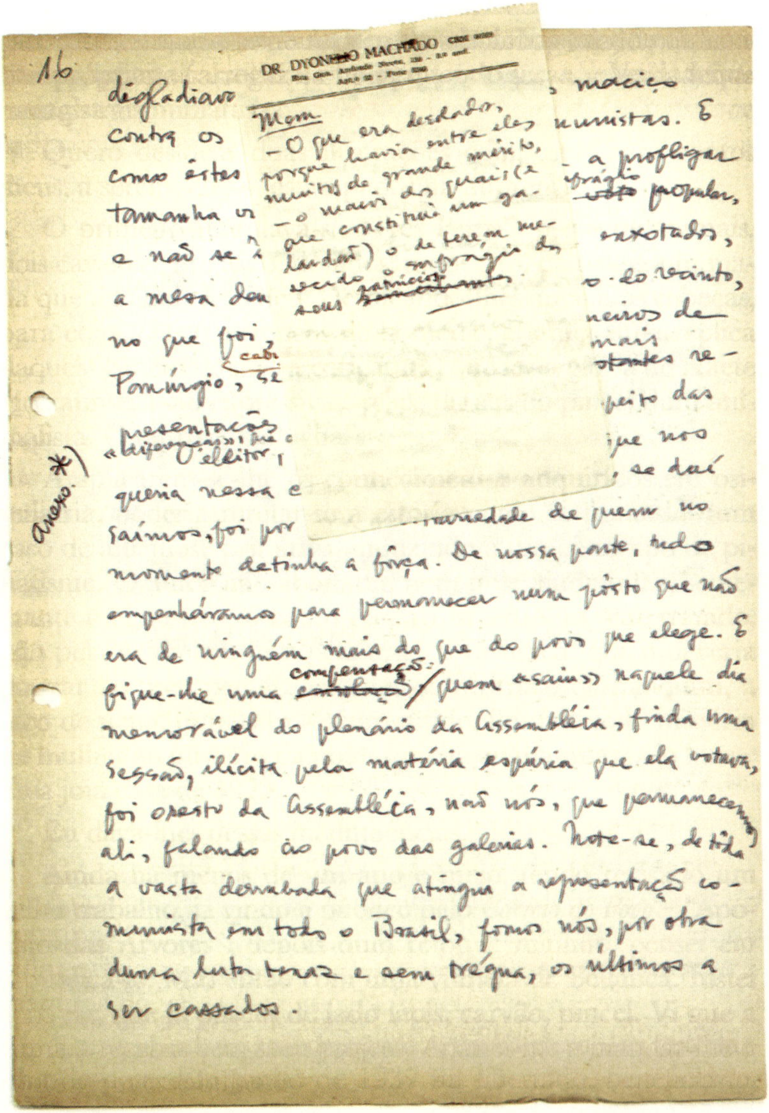

16

digladiavo[...] [...] maciços
contra os [...] [co]munistas. E
como êstes [...] — a profligar
tamanha v[...] [su]frágio ~~voto~~ popular,
e não se [...] [e]xotados,
a mesa d[...] [...]o do recinto,
no que foi, [...] [compa]nheiros de
[...] mais
Pomúrgio, se [...] ~~stantes~~ re-
[...]peito das
presentações
«~~[illegible]~~»? Pré c[...] que nos
o eleitor, [...]
queria nessa c[...], se daí
saímos, foi por [...] [a]rbitrariedade de quem no
momento detinha a fôrça. De nossa parte, tudo
empenháramos para permanecer num pôsto que não
era de ninguém mais do que do povo que elege. E
fique-lhe uma ~~[illegible]~~ compensação: / quem a saiu naquele dia
memorável do plenário da Assembléia, finda uma
sessão, ilícita pela matéria espúria que ela votava,
foi o resto da Assembléia, não nós, que permanecemos
ali, falando ao povo das galerias. Note-se, de tôda
a vasta derrubada que atingiu a representação co-
munista em todo o Brasil, fomos nós, por obra
duma luta tenaz e sem trégua, os últimos a
ser cassados.

Anexo *)

DR. DYONELIO MACHADO
Rua Gen. Andrade Neves, 159 - 3º and.
Apto 32 - Fone [...]

Mom
— O que era desolador,
porque havia entre eles
muitos de grande mérito,
— o maior dos quais (e
que constituiu um ga-
lardão) o de terem me-
recido o sufrágio dos
seus ~~[illegible]~~ patrícios

Jorge de Castro

Dyonelio Machado em 1949

"Vanguardista de ideias, assimilou ideias socialistas recém emergentes, incorporando-os aos princípios de verdade, solidariedade e justiça social em que se sustentam o convívio humano e a democracia."

Maria Zenilda Grawunder

Envergou camisas de desvairadas côres.

(Fascismo, na Itália; nazismo na Alemanha, Fa-
langismo, na Espanha, Corporativismo (ou que outra alcunha tenha) em Portugal, Integralismo, no Brasil, constituíram tantos avatares dum ódio de classe que o mundo ainda não conhecia, porque era um ódio técnico, ou novo na sua apresentação: Êsse aspeto, emprestando formas «modernas» à barbárie, não iludia ninguém: dava porém "razões" àqueles que ligavam seus interesses a essa trágica pantomima. A reação imperialista, que inventara máquina tão terrível, via pela primeira vez no século nutridas mobilizações de massa, o que lhe antecipava a vitória contra o famoso fantasma, que, uma vez lançado sobre o mundo, continuava a percorrê-lo e assombrá-lo...

aplicado contra a Simplicidade restante! — E o problema é que a Simplicidade Restante é o maior número.

A qualidade mais marcante — e potencialmente prenhe de resultados — que a Província sempre ostentou, sua capacidade guerreira, está sujeita, por tais razões, senão à deterioração, pelo menos a uma produtividade de padrão inferior. Nossa simplicidade, compreende-se, é no fundo a expressão da nossa primitividade. Não deve escandalizar um juizo (leviano, claro) dum explorador (explorador no bom sentido) quando dizia que o Rio Grande do Sul se encontrava no estágio da barbárie: bebia por uma guampa e sentava numa caveira de boi.

Southey

A soma algébrica: Criança + Criança cria o Caudilhismo, em que a criança sádica e sabida (igualmente as crianças maiores) mobiliza no seu interêsse a criança pròpriamente dita, quer dizer: confiada, sonhadora, idealista. Pois não são êsses os atributos da Infância mais legítima?

Confiada, como a criança que não acredita na existência do mal. Sonhadora, — quer dizer apegada ao seu mundo fictício, o mundo dos brinquedos. Idealista: limpa de qualquer sujeira com que a Realidade (de mal suspeita) costuma salpicar os que a tocam.

A Província não amadureceu, eis tôda a verdade. Um mal? Nem há dúvida. Mas que encanto tem êsse infantilismo, quando êle se mostra na ingenuidade que o caracteriza e que o define! A tropelia mesmo, a briga, a que o seu imediatismo (quase automatismo) o arrasta, adquire aspetos de bravura cavalheiresca, de lances duma Idade Média que não passou, a despeito do progresso que tumultua em roda. Para dizer tudo numa metáfora: a Província é um Quixote, com todo o ridículo duma figura ultra-humana.

todo

Memórias de um pobre homem

1 a 48 ...

B

M e m ó r i a s   D e   U M   P O B R E   H O M E M

Em continuação ao I capítulo, publicado no Cad. do Sáb. do CP, em 16/10/71. (Completar)

Há de se ver que formávamos um grupo de literatos. E se ninguém com os dados que forneço, o há de ver, posso assegurar que nós o víamos. Mais: e que não víamos outra coisa.

Entretanto, éramos uns literatos improdutivos. Ou melhor: autoprodutivos.

Em matéria de arte e literatura, realizámos (como ceratmente terá acontecido com os poetas jovens de todas as épocas e todos os ~~xx~~ lugares) realizámos o ideal autárquico perfeito: éramos os fabricantes e os consumidores. É bem possível que na base dessa atitude afetiva (e pragmática) houvesse a consciência de que a <u>publicidade</u> demorava muito longe do nosso alcance. Os casos de divulgação em letra de fôrma conosco ocorridos foram inteiramente incidentais e de mamneira a não criar precedentes: Wamosy se editara a si mesmo no jornal de seu pai, Celestino Prunes e eu nos havíamos valido do jornal de Fridolino e Lourenço Prunes, tio e progenitor de Celestino. O que há de mais doméstico, pois.

Ao dissolver-se, o grupo nada tinha a apresentar de produção sua. Et pourtant...

Sim, bem mais tarde, (cinco ou seis anos mais tarde, dêsses anos tremendamente compridos da mocidade) De Sousa Júnior publicou ÁGUAS FORTES. Nada mais prcisava senão o título, para ligar o livro ao ambiente de cândido devaneio estético que reinava na República do Império. <u>Águas Fortes</u> não sai das <u>Gouaches</u> (ou Guaches), num trabalho fácil de decalque: é a expressão da mesma mentalidade, que se caracteriza pela reação ao direto, ao concreto, que em pintura desdenha os grandes painéis, em literatura o panorama, — nas suas mais apreciadas dimensões: de área e profundidade.

I

Imagens fugitivas

Preliminarmente e como justificativa: eu quero me subtrair a uma censura, que o decorrer do tempo, sempre indecifrável, bem poderia tornar possível. – Já veremos.

Todo o mundo sabe da escassa "vida literária" entre nós, os gaúchos. Mal crônico, nunca tendo recebido uma reparação adequada, não exclui uma certa atividade nessa matéria – que consiste na formação de grupos de escritores, ocasionalmente lembrados, e mesmo de alguma produção literária merecedora da atenção dos demais patrícios nossos.

Eu me recordo duma queixa de João Pinto da Silva com relação a um dos últimos remanescentes do Parthenon Literário, e que, tendo a seu dispor um grande canal de divulgação, comparecia habitualmente às colunas do jornal para tratar de assuntos das suas predileções no momento.

João Pinto da Silva, interessado na história – e mesmo na historiografia – da Literatura no Rio Grande, lamentava que tão grande cabedal, potencialmente evocativo, não se produzisse. – E eu lamentava com ele, embora sendo ainda novo para semelhantes lamúrias.

Esse "manancial fechado", essa "fonte selada", para me valer do melhor lirismo bíblico, eu, na minha juventude, que digo? na minha juventude literária, eu o conhecia.

Era um velhinho, de barba comprida, a andó ao que eu me lembro. Pequeno. Suave. Muito limpo. E que devia como eu morar na Rua da Olaria, pois passava sempre por ali. Minto: não passava, porque sempre parava e ficava a conversar com moços (não era só eu), nessa fatalidade dos velhos que eu agora tão bem compreendo, de se não fugir dos velhos seus iguais, buscar, no convívio com a gente moça e por um mecanismo projetivo, a mocidade que não os abandonou, claro, embora haja quem a não saiba ver.

Esse velhinho tinha um nome para mim: o nome tradicional e respeitável que ele mesmo me deu, e um nome público, no fundo o mesmo, que eu via impresso como remate das suas crônicas do *Correio do Povo*: Aquiles Porto Alegre.

Com João Pinto da Silva (mais tarde, naturalmente) lamentei que a Aquiles Porto Alegre, certamente subestimando uma coisa que havia sido ordinária para ele – o cenáculo literário de que participara – não lhe ocorrera produzir reminiscências, que haveriam de constituir material precioso para esse fã insaciável – o Futuro. Ou então, deixava para mais tarde semelhante tarefa, que poderia representar no íntimo da sua afetividade um trabalho "terminal", sempre adiável.

O grupo a que Aquiles Porto Alegre pertencera e a respeito do qual nada dizia de tudo aquilo que uma testemunha pessoal tanto viu e tanto viveu, não era outro senão o Parthenon Literário, para sempre ligado às origens do Regionalismo rio-grandense.

A queixa assumiu uma certa veemência:

> *No gênero, ou subgênero, histórico-biográfico, muito tem feito, nestes últimos anos, o senhor Aquiles Porto Alegre, com suas crônicas mais ou menos atraentes, mais ou menos pitorescas, sobre homens e coisas da cidade e do Estado. É de lamentar que esse*

escritor, de tão fartos recursos mnemônicos e cujo estilo tanto se impõe pela clareza, não utilize mais proveitosamente o seu tempo e as suas aptidões, evocando, por exemplo, em conjunto, os poetas e os prosadores do Parthenon, de que ele é hoje um dos mais ilustres sobreviventes.

Assim reclamava João Pinto da Silva.

Entende-se naturalmente, por mais que isso possa afrontar a opinião que nós os moços daquele tempo nutríamos a respeito de nós mesmos, e entende-se com facilidade que não há nenhum modo de estabelecer qualquer correlação entre o Parthenon Literário e a... República do Império.

Saiu-me o nome sem sentir.

Estou a falar de um dos tantos grupos de rapazes mais ou menos poetas, que se reúnem sem nenhuma intenção literária ou artística, às vezes apenas para, juntos, cotizando-se, poderem atender às despesas de alojamento e alimentação. Em resumo: montarem uma "república".

Como estou a lembrar costumes de mais de meio século atrás e mesmo na pretensão de algo conhecer da mocidade de hoje, vou me remeter a um dos dicionários da língua, para maior clareza do fato:

*República... conjunto de estudantes que vivem em comum na mesma casa; essa casa. (*Pequeno Dicionário Brasileiro da Língua Portuguesa, *edição supervisionada por Aurélio Buarque de Holanda Ferreira).*

Estudantes... Sim, o grupo, na sua expressão última que foi a República do Império, pode-se dizer que teve o seu começo nessas camaradagens obrigatórias entre estudantes que qualquer circunstância põe em presença.

Aconteceu que, ao sair da aula de Afonso Emílio Meyer (tio de Augusto Meyer, cujo desaparecimento prematuro tanto nos abalou) sucedeu que, ao deixar a aula do professor Meyer, à Praça da Matriz, numa atmosfera de românticas coisas do passado: as velhas árvores, o mármore, já encruado com os anos, de antigo conde (que hoje não está mais ali); a fachada colonial (vetusta pois) da igreja matriz, que ainda não fora derrubada; sucedeu que, finda a aula, nos encontramos, Hermínio Freitas, João Leopoldino Santana e eu.

Foi isso ao se iniciar o ano letivo de 1912, com exceção de Hermínio, que já morava aqui com a família, Santana e eu acabávamos de chegar.

Donde?

Isso tem importância. Porque, como se as feiticeiras de Macbeth já estivessem tecendo, sem nós o sabermos, os destinos e os sonhos mais tarde vividos na República do Império, eu já me achava ligado a outro futuro membro (e membro também fundador, como se vai ver) dum albergue, que, não existindo ainda como realidade tangível, tinha já a sua existência garantida como pressentimento e como ideia, – a famigerada Ideia Platônica, que, em perseveração e teimosia, vale pelo indivíduo mais persistente. Esse companheiro potencial era Celestino Moura Prunes – que, com seu passamento agora, me levou a liberar essa página, em cuja singeleza a Morte, ao perpassar, põe o seu estremecimento.

A circunstância importante é que estes quatro rapazes (adolescentes de menos de dezessete anos) provínhamos da Fronteira: Celestino Prunes e Hermínio Freitas de Alegrete, Santana de Uruguaiana, eu de Quaraí.

A região é um triângulo. Como o triângulo mineiro, situado no extremo oeste do Estado. Mesma língua, mesma alimentação, mesmo clima. O clima não é de menosprezar, quanto mais não seja no que toca ao vento frio do sudoeste – o minuano – que enche de frieiras todos os dedos do corpo e, em compensação e por misteriosa alquimia, enrijece a gente contra os demais frios...

Os três que estudávamos com o Velho Meyer (o maior professor que já conheci) saíamos juntos da aula porque morávamos pra os mesmos lados, na Cidade Baixa. Não nos era dado dissimular aquilo, que não ocultávamos pela simples razão de não lhe atribuirmos nenhum valor, e que tanto valia entretanto mutuamente para nós: esses devaneios da juventude, que, apesar de utópicos (e quem sabe senão por isso mesmo?), o Poeta botou na base de toda grande vida.

Eu senti logo a tremenda sensibilidade de Hermínio Freitas, aliada a um pudor literário que se escondia atrás do humorismo mais acabado, como dum baluarte em que ninguém repara e que tanto tem de leve quanto de inexpugnável. – Santana era a inteligência clara, serena, incomovível.

Sobram-me fundadas desconfianças de que o Fado tinha planos mais vastos nesse particular e que, se não semeara, ao menos lançara um ou outro ponto fixo, que servisse de esteio para em torno dele se irem formando outros núcleos da Fantasia e da Blague. Porque uma noite, ainda no jardim (então bem cuidado) da Faculdade de Direito (para nós uma joia de arquitetura) me achei no meio de uma discussão filosófica. E já no outro dia eu me defrontava com um jovem pálido e belo, numa livraria. Era De Sousa Júnior. E fora conduzido por um introdutor, que se encontrava presente à discussão em que eu decerto brilhara (o brilho é fácil nessa idade) e que devia ser garante perante o De Souza da qualidade do espécime que lhe levava. – Esse colporteur do Destino, e Destino Literário, chama-se Almir Alves.

Um passo mais e estará estruturado o grupo definitivo. Isso se dará com a chegada de Alceu Wamosy.

Terá, porém, de esperar pela Grande Guerra, a primeira guerra mundial, para ter como que a sua sede própria, isto é: a República do Império.

Falei da extraordinária sensibilidade artística de Hermínio e não produzi a menor prova disso. É certo que já se sabe que um pudor – pudor de poeta ante um grande público – que esse pudor o manteve num maciço ineditismo – apenas quebrado por mim, certa vez. Vou reincidir. Aqui vai u'a mostra.

E como amostra, somente deixando entrever as virtudes do produto comerciável:

Crescem os choupos, seus ramos
enchem de sombras o chão,
Cresceu amor em meu peito,
fez sombra em meu coração.

Um simbolista *doublé* de parnasiano como Alceu Wamosy – que já se ficou sabendo também que pertencia à turma – não se deveria apresentar como grande emotivo. Que erro supor que a Arte modifica o artista! Pode criar nova Realidade, como acreditava Wilde e como Balzac com sua obra talvez o tenha provado. De qualquer maneira, veja-se isto:

Uma noite – talvez fria, não sei bem – Salvini, o grande trágico italiano, que caíra no nosso grupo (igualmente!) levava no nosso Theatro São Pedro o *Otelo*.

A intriga chegava ao auge. A mentira, bem urdida e perversa de Iago, será que iria, infortunadamente, produzir seus efeitos sobre o caráter primário de Otelo – um inocente, um pobre homem confiante, talvez assombrado com o amor que despertara na nobre e loira Desdêmona?

Eu esperava tranquilo o desfecho, porque era sabido havia já bem uns bons trezentos e tantos anos. Mas não assim Wamosy, que, comigo ocupava um lugar, dos mais acessíveis, no teatro, e se sentia "contemporâneo" da ação. Num dos intervalos ele me mostrou um papel que estivera enchendo de garatujas doloridas à meia-luz do teatro, enquanto o drama humano lá no palco se alimentava da Fatalidade.

– Olha, Dyonelio, o que eu fiz!

Ele vibrava com seus desejos, em conflito com seus pavores:

Para o amor não ser tão belo
e sereno como um lago
ao lado de cada Otelo
Deus pôs a sombra de Iago

Mas voltemos um pouco atrás, fechando essa digressão.

Aconteceu que Celestino Prunes e eu fomos morar juntos em dois quartinhos da Rua Arvoredo. Um pequeno quarto na frente, abrindo pra rua por uma janela. O do fundo não recebia luz direta. E, à noite, nenhum dos dois tinha luz, quer dizer: luz elétrica. Isso é um suplício para quem já seguia o hábito compulsivo de ler à noite, na cama. Mas, de qualquer maneira nos arranjávamos. Quando em São Paulo, quarenta e cinco anos depois, passando os olhos por um *Times* aérea (em papel bíblico para aliviar o custo de *postage*) me defrontei com um pequeno fato do dia, ilustrado por um pequeno retrato, e claro que abrindo a seção dos fatos daquele dia em Londres, evoquei o nosso acanhado e incompleto apartamento, com o comprador de roupas usadas chafurdando cupidamente no meu terno de verão – novo, mas que o inverno tornava inativo – e que iria passar-lhes às mãos, em troca dumas pratinhas com que eu adquiriria um lugar no poleiro do teatro e o direito de ouvir Amélia Galli Curci – a mesma que, passados quase cinquenta ano, morria naquele dia em Londres...

Estava-se então no inverno – a estação própria aos espetáculos líricos. Mas na Alemanha era verão, estação propícia a um outro tipo de espetáculo, e com outro tipo de primadona. Na oportunidade, ocupava o centro do palco e se destacava dentro do foco luminoso que banha figurantes em trabalho, aquele que haveria de contar com uma segunda e trágica reencarnação um quarto de século depois.

Aconteceu também que havia uma grande e indisfarçável necessidade, para Celestino e para mim, de nos alojarmos onde existisse esse mínimo de conforto que consiste em ter luz, água e esgoto, e que nos faltava.

Alugou-se, portanto, uma casinha de porta e duas janelas numa rua, àquela época meio esquecida, e para lá fomos, levando conosco Wamosy, que também viera da Fronteira e era poeta.

A ruazinha, apesar de um tanto relegada pelos homens, descia convulsivamente, numa íngreme ladeira, duma histórica praça sob a proteção divina do Espírito Santo, – Espírito Santo que aí, no começo dessa via pública, possuía seu templo, que a mesma voragem que se abateu sobre a igreja matriz atingiu e destroçou.

Ocorre porém que o tempo – a capela do Divino – era conhecido pelo nome de Império. Os tradicionalistas na certa hão de encontrar, nas vicissitudes semânticas por que passou essa denominação, o bastante com que deliciar um antiquário. A mim só cumpre assinalar que a Rua Espírito Santo, por aquele tempo, era conhecida pela antonomásia, espontânea e quem sabe senão também laudatícia, de Beco do Império.

Beco é nome que em geral se dá a uma rua estreita. E, já por não ter a largura das outras, a rua se degrada econômica e socialmente, como acontece com tudo que é pequeno. Daí até a degradação propriamente dita era um passo. Quando chegava a esse estado transformava-se numa sub-rua.

Com o Beco do Império isso porém nunca se deu: era uma rua familiar. E, evidentemente, dum grande espírito de complacência, que manifestou com jovens que, pela carga do Ideal que sobre eles pesava, haviam de pôr força – e pela força do próprio Ideal – se comportar muitas vezes um tanto fora dos padrões habituais na zona.

Disso é a prova expressiva o próprio surgimento do nome com que o grupo já tem seu pequenino lugar assegurado na história da Literatura doméstica.

Eu era um tanto responsável pela casa perante o senhorio, o que, no final me acarretou certo transtorno: ao "devolver-lhe a chave" (é um ato consagrado), não havia mais chave. Sem função, o órgão desaparece. Ora, a república não se fechava nunca.

Creio que a casa havia sido alugada em meu nome. Disso não me lembro. Só sei que eu velava, com os demais moradores titulares, claro, pela sua ordem e conservação. Foi justamente em razão disso que me escandalizei, e embraveci, quando encontrei Hermínio, munido dum prego dezesseis por vinte e quatro ou dezoito por trinta e seis – de tamanho respeitável pois – a traçar, de fora a fora, em toda a extensão utilizável da fachada, à altura da mão que escrevia, o letreiro: República do Império.

No primeiro momento só vi a depredação – porque escrever no reboco com prego, e escrever indelevelmente como ele fez, é estragar. Censurei-o. Mas eu chegara tarde: a legenda, o dístico, a inscrição, o título, a epígrafe, o letreiro – ou que outro nome ainda possa ter – estava completo.

Era um letreiro em trinta palmos provavelmente, que era a frente – a medida-unidade dos terrenos em Porto Alegre, nesses tempos de simplicidade, humildade e poupança. E seria tolice pensar em apagá-lo: qualquer manobra aí o que de mais positivo conseguiria era transformá-lo num estranho palimpsesto. – Hermínio Freitas sabia que trabalhava para a posteridade...

Eu já falei na *tournure* humorística de Hermínio. Ele viu – com esse dom de prioridade dos verdadeiros humoristas – ele viu algo que, saindo do normal por obra da contradição, fica pelo menos engraçado. João Ribeiro, se não me engano, e num pequeno livro, olvidado hoje, *Páginas de estética*, diligencia, ao que me lembro, por dar uma interpretação do fenômeno que não se distancia muito do que eu disse. De qualquer forma, o que fazia o absurdo da coisa era a antítese República-Império. E o absurdo aí, não exigindo sanção ou repressão, pois para tanto não dava, só podia suscitar o riso. Como era um absurdo inteligente (é o que me parece), escapava ao ridículo.

Já recorri ao dicionário uma vez, vou fazê-lo de novo.

Eis o que dizia o *Lello Universal*:

> *Império... forma de* ***governo monárquico,*** *cujo soberano tem título de imperador. (Fui eu que grifei).*

Estávamos em plena guerra que deveria derrubar o império que a desencadeara, o Império Alemão. E, ao chegar a esse desfecho, anular a contradição, o conflito entre "república" e "império", desfazendo do mesmo passo o chiste do humorista. Ou pioneirista?...

Vamos consultar de novo o Lello:

> *Império da Alemanha, fundado por Otão, o Grande... abolido em... e restabelecido em Versalhes em favor do rei da Prússia, Guilherme I... Apesar da abdicação de Guilherme II,* ***o império subsiste com uma constituição republicana.*** *(O grifo é meu).*

A República do Império deu territorialidade ao grupo, se posso usar de termo tão conspício num caso de jovens que não almejavam outro mundo senão o dos sonhos temperados de blague. Eles, como a geração que os precedeu, possuíam já um espaço privativo: a Praça da Harmonia, registrada para sempre nos versos de Athos Damaceno Ferreira, como nos livros dum tabelionato, e que Theodomiro Tostes, com a graça habitual, e um fundo de ironia latente, foi levado a dar-lhe uma denominação intrinsecamente sem graça: *a academia literária daquele tempo.*

Se tais academias – esses sodalícios, como se diz muito por aqui – têm uma lua refletida num rio, ao alcance dos seus membros, a comparação é válida. E ainda precisaria dum parapeito dando para a água, água a balançar, num marulho leve, a cusparada de luz, rutilante de tão alvadia, que a lua lá de cima, com uma boca de nojo, despejava contra os pobres viventes.

Certa noite nós, debruçados no parapeito a contemplar a lua, não ficávamos muito longe daqueles cães enfeitiçados pelo leite do astro, uivando, desesperada e improdutivamente. Ainda tenho na lembrança a impressão que o quadro, em que eu mesmo tomava parte, me causou e que exprimi numa espécie de eco das vozes dos outros cães:

Ululávamos versos brancos ao luar...

E agora que já não existe mais a praça, nem seu parapeito sobre a água. Agora que o rio se retraiu pra mais longe, por obra dum aterro e dum cais onde apenas encostam grandes navios para o Progresso, e que a Lua mesmo parece ter-se retraído igualmente pra o fundo do céu, tão raro é o seu aparecimento por detrás dum casario, fechado que nem prisão. Agora, em que eu, as vezes me pergunto: e Hermínio, Brutus, Bellanca por onde andarão? Agora que Celestino, Santana, Wamosy, De Sousa seguiram o mesmo caminho, desaparecendo para sempre – aquele flagrante de seres humanos ladrando à Lua, às vistas dum rio – que também fugia! – é pouco, eu sei.

Mas foi tudo que ficou*

Há de se ver que formávamos um grupo de literatos. E se ninguém o há de ver com os dados que forneço, posso assegurar que nós o víamos. Mais: e que não víamos outra coisa.**

Entretanto, éramos uns literatos improdutivos. Ou melhor: autoprodutivos.

Em matéria de arte e literatura, realizamos (como certamente terá acontecido com os poetas jovens de todas as épocas e todos os lugares) realizamos o ideal autárquico perfeito: éramos os fabricantes e os consumidores. É bem possível que na base dessa atitude afetiva (e pragmática) houvesse a consciência de que a publicidade demorava muito, longe do nosso alcance. Os casos de divulgação em letras de forma conosco ocorridos foram inteiramente incidentais e de maneira a não criar precedentes. Wamosy se editara a si mesmo no jornal de seu pai, Celestino Prunes e eu nos havíamos valido do jornal de Fridolino e Lourenço Prunes, tio e progenitor de Celestino. O que há de mais doméstico, pois.

(*) N.O. Essa primeira parte foi anteriormente publicada, até aqui, sob o mesmo título no Caderno de Sábado, suplemento do *Correio do Povo*, de 16/10/1971.

(**) N.O. O final da parte "Imagens fugitivas", a partir desse parágrafo, foi datilografado pelo autor, para ser inserido nas Memórias, como complemento. Ver manuscrito à página 16.

Ao dissolver-se, o grupo nada tinha a apresentar de produção sua. *Et pourtant*...

Sim, bem mais tarde (cinco ou seis anos mais tarde, cinco ou seis desses anos tremendamente compridos da mocidade) De Souza Júnior publicou *Águas fortes*. Nada mais precisava senão o título, para ligar o livro ao ambiente de cândido devaneio estético que reinava na República do Império. *Águas fortes* não sai das *gouaches* (ou guaches), num trabalho fácil de decalque: é a expressão da mesma mentalidade, que se caracteriza pela reação ao direto, ao concreto, que em pintura desdenha os grandes painéis, em literatura o panorama, – nas suas mais apreciadas dimensões: de área e profundidade.

Aparentemente, muito menos declaradamente, esse livro não recorda tempo ou lugar, com as coisas, as pessoas, os sucessos que dão consistência a noções tão vagas como essas de tempo e lugar. Contudo, não posso reler-lhe as páginas sem sentir o coração confrangido de saudade.

Mas saudade de quê? Seus contos nada contam do que acontecera com a turma. Ou são fantasias ou fatos de que o autor foi espectador, quiçá indireto.

Todavia, se a obra não "pretende" (vamos conferir-lhe uma existência prosopopeica), se seus contos e flagrantes não têm em mira registrar memorialisticamente coisas do passado, o que tão pouco se coadunava com a sua mocidade e a mocidade do autor, e mesmo assim eles nos "revivem". – Perdoe-se à pobreza da linguagem humana a transitividade do verbo. E, do mesmo passo, o neologismo.

Nos revivem, cada um de *per si* e em conjunto. E de maneira mais objetiva porque mais vaga, quer dizer: mais indefinida, mais ampla, mais geral. E, justamente porque não se sente constrangida a ficar dentro de determinados limites, mais completa.

É melhor exemplificar.

A denominação do livro deriva das páginas que o abrem. Alguns *sketches* – que nada têm em comum com os de Dickens, que De Sousa absolutamente não lia. Preferiria ler Ruskin, como o amor comum ao autor e ao leitor dos seus pré-rafaelitas.

Porque o título genérico que deu a seus "quadros" não foi obra dum capricho. De Sousa Júnior foi um pintor frustro. Frustrado por si mesmo e sem que houvesse experimentado nenhum fracasso. Em certa altura (e bem cedo) embora tivesse aurido o ar das artes plásticas da Itália, encaminhou-se para a literatura. Ainda conservou na mão o lápis – hábil na Caricatura.

Se eu dissesse que cada época tem seu cheiro ninguém estranharia. Para não aludir senão às coisas que nos ajudam na gira da vida, como se uma fatalidade nos impelisse sempre a um eterno andejar, lembrarei apenas o cheiro de coisa viva, de coisa irmã nossa, que têm os animais de tiro, quando, para melhor se irmanarem conosco, seus iguais e seus senhores, apelam para toda a força de tração que sabem possuir e que nós lhes exigimos. Talvez para corresponder a tamanha compreensão, nós lhes aliviamos em parte a tarefa.

Ivan Cardoso

Como nos velhos tempos

A morte, só ela invencível, mais poderosa e implacável que todas as vicissitudes humanas e que todas as dissoluções sociais...

Eu lia isso, com atração e repulsa. Segundo uma verdade, irretorquível como essa, para a competição entre a Vida e a Morte não se havia levado em conta a elementar equivalência de direitos. Não era como o embate, tão conhecido, entre a saúde e a doença – onde cada um dos contenedores pode ainda agasalhar uma esperança. Lá, a morte vence sempre, por força de inconcebível fatalidade. Trata-se dum problema que só pode ser proposto pelo hábito de argumentar, porque, tecnicamente, não comporta solução, com um resultado prévio que a ninguém surpreende, a despeito da sua brutalidade.

O *Deixai todas as esperanças, vós que entrais* causa seu frêmito de horror, apenas porque, imaginando-se, cria-se a situação, que é todavia intrinsecamente fictícia: ninguém ainda vira, nem nunca jamais verá, o inferno. Na morte do amigo de Ramalho, igual a todas as outras mortes desse mundo, igual à de todos os nossos amigos, está-se diante de algo que não necessita do complemento da imaginação, tão tremenda e banal é a sua realidade.

Apesar de tudo isso, por um princípio de vida que embebe todas as vidas, e que exibe o máximo vigor no seu dealbar, formávamos, na juventude, um cenáculo, semelhante aos que já houvera antes de nós, semelhante aos que viriam depois. Entremeávamos deveres escolares com tarefas mais positivas, porque inspiradas por ideais de gente moça, que, quando os concebe, faz isso de dentro duma impressionante candura – o mais genuíno elemento do Ideal.

Leitores do Caderno de Sábado, em tendo gosto pelas cousas passadas e bastante benevolência para as aceitar qualquer que seja seu porte, identificarão essa turma de sonhadores que, pelo passamento dum deles, rememorei uma vez. – Francisco Bellanca pertencia a ela. E uma razão igual me leva a igual atitude, tanto a existência humana se mostra sinistramente pobre em seus lances mais dramáticos: Francisco Bellanca acaba de morrer.

A vida coletiva dos jovens é intensa e fugaz. Nunca vivi vida literária e artística tão completa como naquele breve trecho de tão poucos anos. Logo após – como é de regra na maioria dos agrupamentos humanos – veio a dispersão. A saudade, vez por outra, nos aproximava – mas na mentira enganadora da remembrança. E não era, isso, sem encanto, confesse-se, porque nos víamos sempre como havíamos sido. – A própria moldura em que nos enquadrávamos, nessa pintura evocativa, possuía as cores e as massas de outrora.

Numa época conturbada como a nossa, não é possível ser manso como sugere o evangelho. Mas Bellanca o era, – manso até com a enfermidade, que teve a força de arrancar-lhe a vida, mas não a teve para arrancar-lhe o mínimo gemido. O que quer dizer que não o fez cúmplice da sua insaciável voracidade.

Dispersamo-nos, com efeito. As distâncias, no espaço e no tempo, nada puderam com o seu senso de amizade porém. Passam-se anos? Não importa, desde que não passou aquela figura tranquila, singela e acolhedora. Quarenta anos depois recebe o amigo, com o mesmo sentimento com que dele se despedira quarenta anos antes. Faz o milagre de anular o tempo da separação, que é o que há de mais cruel numa vida, porque se enche de ruínas e de escombros. – Fatalidade inseparável dos que muito viveram e quase tudo viram.

Não há muito, numa missiva a Alberto André, que tanto vela pela urbe, liguei o nome do velho amigo ao do professor Manoel Itaqui. Começava então uma nova era para Porto Alegre.

Urgia mexer na cidade, abrindo caminhos, por onde circulasse, senão seu progresso, seu futuro.

Figura apagada nos governos, como é sempre o simples técnico, a Manoel Itaqui coube enorme papel nessa força de escape que não vigora apenas para nos subtrair à escravização da gravidade e nos lançar no largo espaço, mas também para fugir à rotina. Em particular à rotina administrativa. E abrir-nos, alfim, uma perspectiva de urbanismo.

Para essa eventualidade, a edilidade podia contar com o engenheiro Manoel Itaqui, e este com seu auxiliar de eleição: Francisco Bellanca.

Os arquivos da prefeitura, espero eu, podem facilmente revelar, com todo rigorismo especializado, tudo aquilo que se fez na ocasião para Porto Alegre, e que eu acompanhei como mero espectador. Da mesma maneira, o Instituto de Artes, que recebeu Bellanca em seu seio, terá cousas a dizer sobre esse exímio manejador do lápis.

De minha parte, quero cingir-me a uma ou outra circunstância que lembra a camaraderia antiga com o ilustrador, por vezes com o pintor.

Terei pois de falar de mim. Mas mesmo isso não lhe desagradaria, porque Francisco Bellanca embora pouco afeito à publicidade, conservava, sem que eu o vislumbrasse sequer, um arquivo com cousas que me diziam respeito: crônicas que eu publicara na imprensa, trabalhos que ele fizera para mim, até um pequeno desenho que eu executara na mocidade: a caricatura, em estilo cubista, do saudoso professor, e meu venerando amigo Sarmento Leite.

Não pode ser mais prezado um ente a que estamos ligados por essas duas cousas: a afeição e o entusiasmo comum pela arte.

Para a minha estreia no livro, Bellanca fez a capa. Ilustrou meus contos que apareciam na imprensa diária de Porto Alegre. Deu ainda a capa para *Um pobre homem*, que é o ponto de partida de minha modesta atividade na ficção. Quando, logo à defesa da minha tese inaugural*, resolvi a fazer dela uma nova tiragem, foi a lápis de Bellanca que lhe conferiu caráter literário, consagrando-lhe a mais expressiva cobertura, que pode ostentar um trabalho, árido por natureza.

Nessa magia simpática, que acompanha o Homem e é velha como ele, eu queria uma reprodução da figura voltereana de Eça de Queiroz; Alceu Wamosy; a de Cruz e Souza. Bellanca as executou, uma e outra. Isso era em 1915. Está aí a dedicatória e a data da minha:

Para o Dyonelio – Lembranças do F. Bellanca – 915.

Apesar de estarmos ainda na mocidade, pois não tínhamos ainda os nossos vinte anos (éramos ambos da mesma idade), mesmo assim o plural se justifica, possuindo já, como possuíamos, tantos sonhos a recordar...

Há cinquenta anos, por ocasião do meu aniversário, Bellanca e Nasti me fizeram a oferta de flores: flores de aniversário. As de Nasti eram um recanto de jardim ao crepúsculo, arrojada façanha do pintor. As de Bellanca, um amplo jardim em plena claridade, tendo ao fundo casas e grandes árvores. À frente, um pouco da velha água do Riacho. E, mais próximo de nós, um precioso portão colonial, já em processo de impiedosa trituração – comido às dentadas pelos anos...

Cada um dos ofertantes levou sua oferenda, ainda úmida a tinta a óleo, para um restaurante, modesto, onde, por indicação deles (conhecedores dessas cousas) eu os deveria receber.

(*) N.O. Tese de pós-graduação em Medicina, na área de Neurologia e Psiquiatria, apresentada no Rio de Janeiro, sob o título: *Uma definição biológica do crime*.

Os dois jardins floridos – reproduzidos a "largas" pinceladas – cabiam todavia no espaço de tabuinhas-tela, de dimensões próprias a carregar no bolso quando secas. – Verdadeiras e magistrais miniaturas.

Quero destacar duas ilustrações compostas para contos meus, a serem, então, estampados na imprensa.

O primeiro intitulava-se "Três Perfis": perfis de animais, dois cavalos e um asno, dotados, todos três, da palavra humana que a Fábula lhes deu. Destacando-lhes apenas as cabeças, para colocá-las em troncos de homens, teríamos uma réplica daquele gênero (menos a caricatura) que fez a glória de Kaete Holzaunsen: são expressivas, reais, dignas do pincel dum animalista. O outro é "Nitucha".

A aplicarem-se-lhe os conhecimentos adquiridos em psiquiatria, poderia rotular-se a estória como se tratando dum caso de alucinose primitiva, induzindo a um certo tipo de pitiatismo. O autor não abonaria, nem hoje ainda o faz, semelhante diagnóstico: o conto baseava-se em fato real, tratado, não pela medicina, mas pela arte. E Bellanca, que o deveria ilustrar ao meu pedido, excedeu-se no traço de nanquim, a bico de pena, num claro-escuro nítido, fundido todo mistério da mulher ao mistério da noite, enfeitiçadas ambas pelo luar – Essa joia data de 1925.

Eu dava-lhes dessas incumbências.

Ainda há menos de um ano e meio, tendo revisado um velho trabalho, já vindo a público pelo *Correio do Povo* – "Apólogo das Árvores", depois dum retoque mínimo, pensei em republicá-lo. Mas então com uma vinheta de Bellanca. Instei com ele, que já pusera de lado lápis, carvão, pincel. Vi que a Família recebia bem meu projeto. Animei-me a mandar-lhe o conto, com esse bilhete:

2 de abril de 1973.

Bellanca amigo:
Um grande abraço. Como nos velhos tempos (e para que eles mostrem

que são novos) me faz uma ilustração pra este conto. Com toda fantasia de que teu lápis é capaz.

Do velho amigo, Dyonelio.

A ilustração está aí, com duas árvores entretidas numa certa conversa, dentro dum pomar iluminado pela luz elétrica do luar e tendo um bisbilhoteiro, sentado a um banco, a querer tudo interpretar...

É enorme a sensibilidade de seu traço pela noite...

Voltei algumas vezes ao seu lar. Tudo lá é tranquilo – e ressuma a veneração do Artista pela família, que se revela logo pelos quadros que a esposa pintara e que adornam, com exclusividade, as paredes.

A serenidade, que foi sempre atributo de Francisco Bellanca, ele a derramou a seu redor – como seu avatar – para viver.

E vive!!!

Porque uma presença de tal ordem não era de molde a desaparecer.*

(*) N.O. Essa segunda parte, sob este mesmo título, foi integralmente publicada no Caderno de Sábado, *Correio do Povo*, de 21/09/1974.

F. BELLANCA – 73

É bem possível — eu costumo acreditar em coisas dêsse gênero — que aquêle pobre homem = pauvre homme que martelava os meus ouvidos fôsse apenas o éco antecipado, retrógrado, do futuro*) E que o gôsto que tomei pela expressão verbal tivesse sido criado e adubado pela Fatalidade. Porque, a partir daí, com intervalo apenas de poucos anos fui mesmo o que continuo a ser: um autêntico pobre homem. X

O predicado (negativo, lógico) durou, — como soem ser duradouros, nessa dupla tão manipulada, amor e ódio, quase que sòmente os ódios. — E na maioria gratuitos. Como a/um político das minhas relações (êle era tremendamente liberal) (já está se vendo) Nilo Peçanha, poderia tomar-lhe a última frase: "Conscientemente, não fiz mal a ninguém."

*) Cf. Enrico.

Resposta ao questionário

A minha vida foi marcada com signo da solidão.

Concorreram para isso fatores de lugar e de tempo.

Nunca vi dias mais longos como os de então... Não havia como enchê-los. Mesmo levando em conta a medida com que a infância avalia o tempo – e que não é a nossa – ainda assim os anos não passavam. Também para os adultos, que pareciam haver afivelado aos pés um pedômetro, regulado para a imobilidade. Na campanha, a exploração econômica mal se diferençava da indústria extrativa – largando-se os animais no campo, livres de se acasalarem quando bem entendessem. As galinhas – animais de casa por excelência – de vez em quando desapareciam, metiam-se nas macegas, longe dos olhos humanos. Quando parecia terem-se evaporado, ei-las que reapareciam, bem dispostas, com uma enorme ninhada de pintos.

A região, na sua geografia, fazia jogo com o tempo: era a vastidão, difícil também de encher. Uma pessoa sensível podia ter aí, privadamente, sua crise de claustrofobia. Dum gênero muito diverso do que se deveria esperar: uma claustrofobia às avessas. O que oprimia era o espaço sem limite, capaz de provocar a penosa sensação de encarceramento que um local exíguo e fechado produz. Lá no Pampa, o que nos cerca e aprisiona é o infinito, a falta de horizonte próximo, que marque uma etapa, como quem diz: uma finalidade...

A ansiedade porém é a mesma. – Aí a vida, que é movimento, não nos vem, nem do tempo, que não marcha, nem do espaço, que não muda.

Qual o onagro bíblico, tinha-se por teto a solidão, por vivenda o deserto. *In solitudene domum, tabernacula in terra salsuginis.**

Pois outra cousa não é o lugar senão uma planura aparentemente em abandono – como se sobre ela recaísse a maldição que pesa sobre os terrenos salgadiços.** Rica no seu tapete vegetal onde os rebanhos pascem, mais parcimoniosa, senão estéril, na oferta dessas cambiantes que só esse outro rebanho – o humano – é capaz de proporcionar. Aludi ao onagro. O Deus de Jó envaidecia-se de haver quebrado as cadeiras que o impossibilitavam de correr livremente. Tem isso como o grande feito que não poderia deixar de ser, realmente. É que restituía o seu a seu dono: *Pode-se considerá-lo como o senhor da estepe.* A observação é do autor de *Lé déclin du monde antique* (edição francesa) que cognomina o onagro de o animal real. A divindade, como proto-Hércules, incluía a façanha entre seus trabalhos: *Quis dimisit onagrum liberum et vincula eius quis solvit?*

De longe em longe surge uma companhia de volantins, com seu circo de lona remendada, seus trapezistas, a mulher que engole fogo e que, quando vista de perto, exibe uma face escalavrada pela chama, a jovem equilibrando-se no arame ajudada pela sombrinha que carrega numa das mãos, seus palhaços. São figuras, taciturnas, que vêm dum lugar incerto – misterioso, portanto. Tudo isso trabalha acompanhado duma bandinha uma – "furiosa" – que gratifica com uma valsa lenta as proezas que demandam toda a compenetração – pois não são isentas de perigo – e um galope vivo para a sarabanda final. Seu número maior, esperado dentro de grande expectação – quando o há – é a pantomima. É um drama. Mudo. E

(*) N.A. Entre as versões a meu alcance – "terra estéril", "terra salgada", preferi a de Altheim.

(**) N.A. Conforme Garret – *Viagem na minha terra.*

essa circunstância intrínseca aumenta-lhe o significado, quando levado à cena nesse teatro sem fim da campanha vazia: convida a que se lhe deem as palavras que lhe faltam e que uma imaginacão sonhadora reservou para silêncios emocionais como esses...

A solidão condiciona a hospitalidade. Todo forasteiro é bem-vindo à nossa casa. Mesmo o mascate, com as impertinências próprias de quem quer vender. Porque trazem notícias – que é o mesmo que trazer gente vivendo.

Uma das formas pelas quais a morte vem para um lugar é a monotonia. Urge então fugir desse mundo morto. Lamartine, um sensitivo, revelava o que evidentemente era uma experiência pessoal: *Não há dor* (vamos meter aqui a semântica e dar a esse sofrimento outro nome), não há angústia – que *resista a uma página de leitura*. E não porque se esteja lendo um livro que traga conselhos aos nervosos: qualquer livro, em sendo bom, serve. Visto que ele é o mundo vivo, animado, versátil. Em muitas ocasiões é pelo mundo do Livro que se troca um mundo, belo sim, mas morto. – Foi o que aconteceu comigo.

Quero render porém a merecida homenagem à minha pequena cidade pampeana. Graças à biblioteca do Clube Comercial da Quaraí, muito cedo travei conhecimento com Balzac (*A musa do departamento*), João do Rio (*Momento literário*), João Francisco Lisboa (*Vida do Padre Vieira*), Macaulay (*Lord Chatham*). De mãos dadivosas, lá recebi livros, então em grande voga, como o *Amor dos homens*, do professor Paolo Mantegazza, *L'art*, de Auguste Rodin, *Cyrano de Bergerac*, de Edmond Rostand, *Os Maias*, de Eça de Queiroz. Os mais modernos datam dos primeiros anos do século. E sua leitura foi feita lá mesmo, antes da minha vinda para Porto Alegre, em plena juventude pois.

"Como teria eu descoberto o prazer da leitura?"

Por via indireta, provavelmente. Ouvindo contar histórias. Como se trata dum berço de guerreiros, não falta a gesta, a qual participa da História e da Ficção, e onde o realístico e o romântico vão juntos no rol das façanhas heroicas – como num grande livro não escrito.

Se não dessa época, foi desse lugar um encontro inolvidável: *En voz baja*, de Amado Nervo. Já lhe traduzi dois poemas, publicados, um pelo Caderno de Sábado, "Velha chave", outro pelo "Bric-a-Brac da Vida"*, "Não lhes faleis de amor". E foi, ainda, empreendendo viagem de Quaraí a Montevidéu, que iria avistar o poeta nessa última cidade. Na semana mesma em que ele, voltando a Buenos Aires, viria a falecer.

Sempre foi difícil dar resposta a qualquer questão envolvendo a criança. No passado, porque pouco se sabia dela, exilada para uma área que escassas relações de contiguidade contraía com o mundo dos adultos – à criança positivamente vedado. Hoje, porque, como se obtiveram grandes êxitos em ciência de aplicação (na Psicologia, inclusive) todos se julgam habilitados a dar sobre cada problema infantil a decifração última. O questionário proposto o denuncia claramente: não fosse a certeza de obtê-la, não teria sido formulado.

> *"Como deve ser a aproximação da criança com o livro?"* é a pergunta.

Por minha vez, indago: aproximação operada por quem? *Motu próprio* pela criança? No meu tempo, era por este encadeamento: repartições oficiais de instrução pública, que aprovavam os livros didáticos, o mestre-escola (na falta deste, os pais) que, um e outros, o metiam nas mãos da criança, realizando assim o primeiro tempo da operação. Quando já capacitada para a leitura, abria-se rica e inigualável literatura infantil, com os seus contos de Fadas, estórias da Gata Borralheira, contos da Carochinha, todas essas cousas que Perrault escrevera na sua língua e que as demais línguas reproduziram.

(*) N.O. O "Bric-a-Brac da Vida" era uma seção de curiosidades e miscelânea do *Correio do Povo*, na época em que este jornal era editado pela Cia. Jornalística Caldas Júnior.

Muitas das narrativas mais apreciadas pela criançada, como a do Chapelinho Vermelho, podiam contar por séculos a sua existência, pois nada mais eram do que fábulas milésias, a representarem e atualizarem velhos mitos.

Tudo isso devorava-se com o espírito e olhos gulosos: eram ilustradas com belas gravuras. Um poeta nosso – como poeta, uma criança – deveria ter escandalizado muito sensualista *raffiné*, quando proclamou: *Ver é o supremo bem.* Quanto a mim – talvez por inveterado prosaísmo – aderi, de olhos bem abertos, ao seu conceito. Ele é Vicente de Carvalho.

Meu terceiro livro de leitura, aos meus oito anos de idade, traçava a história dum Soldadinho de Chumbo. História mesmo, não estória, porque suas proezas assumiam para a criança o porte de fatos históricos. E com esse maravilhoso sabor de Fantasia, que tanto se coaduna com as concepções de quem faz do pensamento mágico – peculiar à infância – o meio hábil, sempre infalível, de compreender aquilo que a pessoa grande tanto empenho se põe em decifrar, sem resultado: o mundo.

Nesse movimento de aproximação com o livro, a criança não poderá nunca escapar à fatalidade de ser dirigida. O que importa também em tremendo problema para quem a dirige. Integrada implicitamente desde o nascimento à sociedade, é esta que lhe escolhe as preferências "literárias". Sem consultá-la? Seria absurdo.

Essa coletividade de adultos, que na sua ingenuidade invoca uma "experiência", nem sequer conhece a criança que foi cada um de seus membros, e que se abismou na bruma da amnésia infantil. Mas então? Só se inspirando exatamente no que há de mais transitório: os interesses do momento. Para neutralizar os malefícios duma situação, teoricamente irremediável, há, por felicidade, o imperativo, inato em todo ser vivo, em virtude do qual a criança chega, em regra, à conciliação dialética entre a satisfação do prazer imediato – *o lust prinzip* – e as imposições da realidade.

Para lhe tornar mais fácil tarefa de tão grande complexidade, faz-se necessária uma identificação entre os dois termos em presença: o livro e seu pequeno leitor. O livro pressupõe o mestre. Pois bem: devem ser duas crianças frente a frente, dotadas ambas dessa exatidão, frescura e originalidade que sempre encontrei norteando, tanto o julgamento do sábio, como o juízo da criança.

Eu tive crianças em casa: os filhos. Vamos ver como procedi com Cecília, por exemplo, a qual, me apanhando novo ainda na paternidade, impunha-me um regime de *full time*. Ao que pudemos recordar, apanhava-se qualquer livro contendo uma estória: a *Volta de Sherlock Holmes* servia.

Presumo que fosse porque trazia duas cousas, que desde as fábulas de Mileto prendem a atenção de crianças (e de adultos): o imprevisto e um prêmio. Diga-se, para unir duas épocas: o suspense – que é cousa de agora – e a "moralidade", na linguagem do passado e da literatura. Eu dirimi todas as dúvidas de que um livro meu – *Os ratos* – pudesse ser um romance, quando a datilógrafa modesta e diligente que o passava a limpo, capítulo a capítulo, numa certa altura do seu trabalho – e da intriga – ao alcançar-me folhas que já batera, me perguntou:

– *Naziazeno vai ser feliz?*

Sugeri que esperasse pelo fim do seu trabalho e do romance, para o saber.

Um dos críticos de *O crime e o castigo* (De Vogüé) mostra-se embaraçado para se pronunciar sobre o valor moral do livro. É que isso poderia aparentar grande trabalho, quando já nessa época se sabia que semelhante elemento não entrava mais em linha de conta na apreciação duma obra de arte. Mas não assim para a criança, que só completa o último tempo da tragédia grega – o êxodo – depois de a ter aprovado. E a aprovação é quando o *exódion* corresponde a essa exigente expectativa infantil.

Nessa base Cecília foi entrando em comunicação com outros livros, como *Les dangers d'une mauvaise education*, que Adalgiza – a mãe – lhe lia. Com Dickens, de cujos contos tomava conhecimento pela minha leitura. (Eu introduzira o grande humorista de Pickwick por estas bandas). Era quando terminada essa fase de adestramento, "passava a pronta" e ia diretamente às histórias. Se consistiam parte integrante duma obra, era, do livro, o que buscava. Claro que com esse perpassar pelas páginas em procura do seu regalo, acabava familiarizando-se com o texto inteiro.

Eis uma das formas de aproximação da criança com o livro. É certo que ela sugere a vigência da vida de família, no sentido do convívio dos filhos com seus pais – o que hoje bem se poderia tomar como raridade, senão uma antigualha.

A iniciação da minha filha no livro foi essa. Mas contou com um trabalho de preparação: uma história, que se poderia chamar dinâmica – porque era improvisada e continuamente acrescida de novos episódios. Nada mais do que o romance dum guri, portador do que mais agrada a uma menininha que apenas saía da primeira infância: tinha inteligência e punha-a a serviço da travessura. Ele chamava-se Henrique. Sua mais saliente especialidade era cair na rua, e evaporar-se. Imagine-se a inquietação da mãe, seus ralhos, a fementida promessa do pirralho de se regenerar. Como não podia deixar de ser, um dia sobreveio a punição. Mas a punição que mais valor tem para o senso ético da criança (seja a mais novinha, como era Cecília): aquela que ninguém aplica, que antes nasce da própria mecânica do erro.

E foi o que se deu: Henrique ganhou a rua, já quase o dia a terminar. Enveredou por caminhos longos e distantes. Sobreveio a noite, e com uma tremenda chuvarada. Tudo concorria para lhe dificultar o retorno ao lar. Ficou ao relento. Quando, ao clarear do outro dia, encharcado, encaminhou-se para a casa, uma preocupação o dominava: como seria recebido? Teria de tocar a campainha ou simplesmente bater na porta para entrar. Quem quer que viesse abri-la personificava o perigo. Felizmente, ela já fora aberta. O leiteiro o antecedera. Como estava de pernas abertas, entre elas o menino esgueirou-se e passou. A inteligência do ardil e seu caráter jocoso acarretariam, necessariamente, o perdão. Como supunha Henrique e como seu pequeno público bem o sabia...

Com o tempo o guri virou guri mesmo – habituado de certas horas na casa. Eu já sabia da existência daquele *jardinier* de Anatole France. No caso de "Henrique" comprova-se a força criadora da imaginação da criança. Porque foi ela que emprestou substância humana à simples ficção. Aqui não era bastante dar-lhe um nome, para que desde então existisse, como sucedeu com Putois. O que decidiu da sua realidade foi a aptidão, inata no homem desde a infância, de tratar demiurgicamente a Mentira e dela tirar a Verdade. É a arte, que, no meu conceito, vai além da figura do artista e é do público que obtém seus últimos retoques. Não raro o leitor escreve por nós, sem se dar conta, muita cousa que não nos ocorrera. Tem mais verdade do que se imagina o refrão *quem conta um conto aumenta um ponto.*

Anos 1940: Dyonelio Machado
e Adalgiza, caminhando
na Rua da Praia

Memórias de Um Pobre Homem

II Um Solitário

"Brás Cubas", por ser ficção, é tão real — ~~muito~~ [x] ! — é mais real do que a realidade. É a história (talvez hoje soasse melhor: estória) + enfim, é a Vida — dum Ser que a deveria ter vivido. Melhor? Pior? Menos imperfeita? Isso nada vale, diante desta verdade: era uma Vida que a vida não fêz. — E é quando acorre o Artista pra dar um quinau na Realidade.

O sujeito de carne e osso, conhecido desde ~~por~~ Machado de Assis, pela antonomásia de Brás Cubas, (não confundir, claro, com o histórico, muito mais vago) êsse sujeito nenhum respeito confere à cronologia. — E eu estou seguindo o exemplo dêle.

Por ser mais cômodo? Menos solene? Mais... sádico? Ora, quem iria esperar de mim, um pobre homem, uma coisa — o sadismo — que eu, como profissional, ~~psiquiatra~~ tenho e proclamo como uma qualidade positiva, confundindo-~~a~~ soberbamente com Personalidade?

É que, não se cingir a essa medida

× M. de A. Dom Casmurro, XLII; A. H. O Monge de Cister, XXVI.

II

Um solitário

*Brás Cubas**, por ser ficção, é tão real – minto! – é mais real do que a realidade. É a história (talvez hoje soasse melhor: estória) enfim, é a Vida – dum Ser que a devia ter vivido. Melhor? Pior? Menos imperfeita? Isso nada vale, diante desta verdade: era uma Vida que a vida não fez.– E é quando acorre o Artista pra dar um quinau na Realidade.

O sujeito de carne e osso, conhecido desde Machado de Assis pela antonomásia de Brás Cubas (não confundir, claro, com o histórico, muito mais vago), esse sujeito nenhum respeito confere à cronologia. – E eu estou seguindo o exemplo dele.

Por ser mais cômodo? Menos solene? Mais... sádico? Ora, quem iria esperar de mim, um pobre homem, uma coisa – o sadismo – que eu, como profissional, tenho e proclamo como uma qualidade positiva, confundindo-se soberbamente com Personalidade?

É que, não se jungir a essa medida tão falha, que é o Tempo, é reconhecer à vida uma das suas melhores qualidades, e que um Boticário de gênio (e sem dó) destruiu pra todo o sempre: a espontaneidade... Ou não foi isso que Pasteur negou, negando a geração espontânea?... Mas não condenou, mesmo

(*) N.A. Machado de Assis. *Dom Casmurro*, XLII; Alexandre Herculano, *O monge de Cister*, XXVI.

porque não estava no seu esquema, a combustão espontânea. Ainda bem.

Parto dum começo, para um fim. Parto dum Cenáculo dum grupo, duma república de irmãos. E sócios na maior empresa que a vida impõe aos jovens – sonhar – e me detenho numa das muitas etapas da Solidão. Já as percorri quase todas. Pouco a pouco vi aprofundar-se um sulco, que me separava gradativamente do mundo e acabava por me isolar numa ilha. A Ilha dos Amores?... Claro que era. Só mesmo um grande amor poderia me nutrir de forças pra me sustentar durante esses quarenta anos de solidão. E de solidão ativa.

Como! ativa?... Seria melhor mesmo dizer: reativa. Porque não constituiu iniciativa minha – dum homem que ama o relacionamento. Foi a resposta à rejeição. – Parece brincadeira: me comportei como uma peça anatômica (uma válvula, um coração, um rim, um pulmão) que o todo – pelo menos o todo imediato – rejeita.

Começou quando eu fui preso.

O inesperado devia criar uma situação de choque. Eu prefiro um termo mais familiar: uma *crísis*.

Quero usar a própria palavra (grega, naturalmente): crísis, respeitando a grafia atual. Significa "queda". Quando uma febre, na ultrapassada pneumonia lobar, cai subitamente de 41 graus pra 34, diz-se que a temperatura do paciente baixou em crísis. Na febre tifoide, em que os 40 ou 41 graus se resolvem gradativamente, a febre desceu em *lísis* – isto é, em escala.

Mas às vezes ocorre que a queda (senão na febre de pneumonia, ao menos noutras catástrofes) se refaz um pouco. Apenas um pouco, porém. E, como ainda na febre tifoide (para se ver como *crísis* e *lísis* não são tão antagônicas como se supõe) o resultado último do processo pode durar até quarenta anos.

É o que, em números redondos, está durando comigo.

Claro: eu sou da Província. Nela nasci, nela vivo. É, ao mesmo tempo, delicioso e cruel viver na Província. Não conheço o mundo, nem sequer o Brasil. Contudo, um e outro vêm até mim por várias maneiras. A palavra – que a Natureza, sempre pródiga, versátil e fantasista, deu também ao Homem – a palavra, sobretudo escrita (que é a menos estridente) se encarregou, em tantos anos de vida, de me instruir sobre as propriedades duma Província. Propriedades – o que quer dizer: coisas que lhe são próprias – .*

O que logo avulta é a Simplicidade.

Nada mais precioso. Tudo de grande que foi feito no mundo tem suas raízes na Simplicidade. E, quando tudo quanto de grande já foi feito no mundo ameaça ruir pelo mau uso que dele se fez, é ainda a volta à simplicidade o melhor caminho da salvação. Assim tem sido na Arte, na Política, na Religião, mesmo na Ciência.

Mas então?

É que a Simplicidade, por mais estapafúrdio que isso possa parecer, não é, em si, uma coisa simples. Como o branco da luz solar, que resulta da combinação de várias cores, a Simplicidade surge duma situação dialética. Tanto basta para reconhecer-lhe inúmeros elementos, muitos dos quais conflituosos.

Na página de Abertura da minha vida (modesta, naturalmente) da minha vida de ficcionista, página antiga, pois, eu me criava uma verdade – numa idade em que se pensa que as verdades andam por aí e são baratas.

Certo que ele – meu personagem – não era um filósofo, escrevia eu. Não que a isso se opusesse a sua simplicidade: na antiguidade os filósofos eram homens simples, a verdade parecendo amar de preferência os humildes e os ingênuos, do que é ainda um vestígio eloquente a exatidão, frescura e originalidade do juízo das crianças.**

(*) N.O. Conforme anotação do autor nos originais, este parágrafo deveria sofrer uma revisão.

(**) N.A. D.M., *Um pobre homem*, p. 5.

As crianças!... Pense-se no *lust prinzip*, a qualidade formadora da mentalidade infantil – biologicamente cega e exclusivista, fazendo tábua rasa dos interesses alheios – e vai-se a gente defrontar com o elemento primacial da simplicidade.

Eu, que amo as crianças, como amo tudo que é no final das contas desprotegido, meio que justifico o chiste raivoso do Poeta, a quem, fazendo duma criança o estafeta, lhe pediam um autógrafo, e que estava, ao que parece, com calças novas. Cito-lhe os versos – e de memória:

Criancinha loira e meiga,
de teus pais anjo celeste,
dos estranhos uma peste,
que emporcalha de manteiga
as calças que a gente veste.

Era numa praia. Essa criança devia andar pelos sete anos. Mas as crianças sempre andaram por todos os lugares e também andam pelos sete, pelos dezessete, pelos setenta anos. Criança não tem idade.

Mas possuem quando grandes o seu lugar de eleição: é a Província. Aqui elas estabelecem um código de ingenuidade, de simplicidade, de inocência. Elas? Parte delas: aquela parte – uma minoria, está visto – que descobriu quanto potencial se encontra na Simplicidade, a ser aplicado contra a simplicidade restante! – E o problema é que a Simplicidade Restante é o maior número.*

A qualidade mais marcante – e potencialmente prenhe de resultados – que a Província sempre ostentou, sua capacidade guerreira, está sujeita, por tais razões, senão à deterioração, pelo menos a uma produtividade de padrão inferior. Nossa simplicidade, compreende-se, é no fundo a expressão de nossa

(*) N.O. Conforme anotação do autor nos originais, este parágrafo deveria sofrer uma revisão.

primitividade. Não deve escandalizar um juízo (leviano, claro) dum explorador (explorador no bom sentido) quando dizia que o Rio Grande do Sul se encontrava no estágio da barbárie: bebia por uma guampa e sentava numa caveira de boi.

A soma algébrica: Criança mais Criança cria o Caudilhismo, em que a criança sádica e sabida (geralmente as crianças maiores) mobiliza no seu interesse a criança propriamente dita, quer dizer: confiada, sonhadora, idealista. Pois não são esses os atributos da Infância mais legítima?

Confiada, como a criança que não acredita na existência do mal. Sonhadora, quer dizer apegada ao seu mundo fictício, o mundo dos brinquedos. Idealista, limpa de qualquer sujeira com que a Realidade (de que ela mal suspeita) costuma salpicar os que a tocam.

A Província não amadureceu, eis toda a verdade. Um mal? Nem há dúvida. Mas que encanto tem esse infantilismo quando ele se mostra todo na ingenuidade que o caracteriza e que o define! A tropelia mesmo, a briga, a que o seu imediatismo (quase automatismo) o arrasta, adquire aspectos de bravura cavalheiresca, de lances duma Idade Média que não passou, a despeito do progresso que tumultua em roda. Para dizer tudo numa metáfora: a Província é um Quixote, com todo o ridículo duma figura ultra-humana.

A Província guarda as coisas, como uma curva de rio, pouco atingida pela caudal, conserva por algum tempo os restos da vida das torrentes, que atroam lá longe. Fica sendo um remanso. A sobrevivência de arcaísmos da língua portuguesa, como por exemplo, o "tu" bem demonstra o caráter conservador (conservador no melhor sentido) do Rio Grande. O fato não é inédito: Roquette-Pinto encontrou numa pequena cidade do interior do Brasil e na boca duma pessoa idosa o verbo "assistir"' com o saboroso significado de morar, habitar, que tem nos poemas arcádicos e pastorais de Tomás Antônio Gonzaga.

Penso que deixei bem definido o senso político do rio-grandense. Não "político" na acepção de Aristóteles. O homem antigo vivia em função da Cidade. Sócrates rejeitou a fuga da prisão para não ofender Atenas – sua cidade. O gaúcho, mesmo quando não possuía cidades e até o gaúcho dos campos, que ainda não as tem, é um político.

Isso não invalida a concepção aristotélica. No seu momento, era a Cidade que vivia a vida dos cidadãos. Só ela avultava. Quem sabe mesmo se não era só ela que existia. Seu espírito pulou as barreiras da cidade antiga, – essas muralhas, sem as quais a coletividade não poderia subsistir, ameaçada pela cidade rival.

Estranho o que digo do homem vivendo num estado semifeudal, onde a regra é a polarização de toda a vida política na pessoa dum só indivíduo – o barão, o senhor. O resto ele convoca e mobiliza a seu talente, e sem o dever de consulta: é a sua gente, a sua mesnada.

Todavia essa gente é, afinal, gente mesmo, homens que lutam com denodo e que se embriagam com seus feitos. Basta ouvir-lhes contar, no galpão, as proezas de que foram heróis. Só quem já conviveu com essa arraia-miúda (dum novo gênero, sim), pode aquilatar do grau de politização primária que sai desses recantos, nas coxilhas – habituais nos sucessos políticos do Pampa.

Nenhum povo alcançou seu desenvolvimento, seja qual for o grau, sem árdua luta. Não temos o apanágio duma vicissitude que é condição mesma da vida, nos indivíduos e nas nacionalidades. Mas, para a sua idade histórica, o Gaúcho já viveu muito intensamente, porque muito intensamente lutou. E, se alcançou alguma coisa, essa coisa traz o selo dum sangue quente, não derramado em vão.

O Gaúcho, quer dizer o homem da fronteira, aquele que me é mais familiar, traz inata a qualidade específica de todo o povo na sua mais primitiva e arcaica formação: a Poesia.

A Poesia não é um produto do supérfluo, do ócio e da abastança – almejada situação que o mais das vezes só o que traz é a inação e o tédio. A Poesia, sublimação da primitiva animalidade, feita esta de pulsões – *antrieben* – depredadoras, é o início da marcha do Homem na íngreme subida da humanizacão.

O Gaúcho encontra por si mesmo uma conciliação dialética entre os seus impulsos destruidores e seus anseios de humanidade: a Poesia Épica. Depois da refrega, onde verte o sangue – às vezes a jorros, como nisso que tão tristemente nos tem celebrizado: a degola – depois da carnagem, a gesta, a narrativa heroica. Já no trato quotidiano da sua vida profissional, ele recorre, despremeditadamente, ao mesmo mecanismo de compensação e defesa. Suas tarefas mais habituais e mais específicas impõem aos animais – sua matéria-prima – sofrimentos cruciais. É o abate do gado, a castração, a marcação. O Gaúcho enfrenta seus bichos a ferro e fogo, como o faz com o inimigo. Todavia, tem para com eles ternuras de pai e irmão. Com eles entretém um convívio quase humano. Entende-os e faz-se entender por eles.

Escuta-os e fala-lhes. Quando montado no cavalo, por exemplo, difícil encontrar um plano de clivagem por onde pudessem ser separados. Em rigor, nesse centauro, não se sabe onde um começa e o outro acaba. Estão indissoluvelmente irmanados.

Daí seus rasgos de generosidade, mesmo em plena batalha. Rasgos, porque há ainda masculinidade e bravura no gesto de levar à boca do inimigo moribundo o cantil do cordial.

Foi essa a atmosfera que eu sorvi ao vir ao mundo. Nasci quando ainda não findara a Revolução Federalista. E num lugar que fora o teatro dessa tremenda luta. Como se isso não bastasse, lá se achavam nossos vizinhos – os Orientais – vivendo o mesmo drama. A guerra estava presente ainda nos nossos brinquedos. E, como ela continuava nas campanhas políticas, a impressão que se tinha era de que a paz – a sonhada paz – ainda não chegara.

As diversões da terra, mais valorizadas, ressumavam sangue e fogo: eram as cavalhadas, as pantomimas levadas à cena nos palcos rústicos dos circos de volantins. As maiores atrações sociais eram os Guerreiros. Quando os azares da lide os jogavam para dentro da pequena cidade, era de se ver a romaria – romaria austera, não de simples curiosidade, mas de veneração – a romaria dos que queriam sentir de perto esses heróis de tantos recontros atrevidos. – Bem me lembro da visita que fizemos – eu e uns parentes meus – a um deles: Júlio de Barros. Para nós, esse fugitivo era um cavaleiro andante, paladino e lidador.

III

Um pobre homem

Bem, o nome é de um livro meu. O mais antigo dos meus poucos livros de ficção.

O crítico gaúcho mais afamado da época impressionou-se favoravelmente com o título, como me confessou. Mas confessou de boca. Ao aludir ao livro num dos seus trabalhos, já não se recordava bem do título: chamou-lhe *Um homem pobre*. E o curioso é que, tão pronto esqueceu, como no ato se lembrou, pois deu-se pressa (foi muita bondade) em me procurar para lamentar seu lapso de memória. Como se a gente fosse responsável dos seus atos falhos, e não estivesse também na melhor tradição dos críticos mudar o juízo crítico segundo seja o veículo a fala ou a escrita. – É que *scripta manent*...

O nome não devia ser mau mesmo, porque algum tempo depois do aparecimento aqui despretensiosa capital provinciana – desses meus contos de estreia, em Paris, então a capital da cultura, surgia um magnífico livro, também de contos, da autoria de Lichtemberger, intitulado igualmente *Un pauvre homme.*

A alcunha não me trouxe desprazer. Pelo contrário. Eu já a "escutara" – e com deliciosa emoção. Viera de Quaraí, minha terra, numa carta firmada por um nome querido e que hoje me soa com um tom seu tanto folclórico: tia Matildinha. Era a intelectual dentre as muitas irmãs de minha Mãe. E nos correspondíamos, porque eu desempenhava o papel de seu procurador junto da Caixa Econômica Federal. Ela lia muito. Talvez lesse poucos livros, mas os lia uma, duas, mais vezes, tirando-lhes todo o sumo emocional e dramático. *Paulo e Virgínia* (era seu o exemplar que na primeira adolescência me caiu sob os olhos) essa pastoral, como já foi denominada, a tia Matildinha relia para chorar. Havia redevorado outra iguaria desse seu mesmo gênero sentimental e desfrutando de popularidade quase igual: *O romance dum moço pobre*. Quando teve notícia (já não me recordo por que caminho) de que o sobrinho carnal, o seu procurador, publicara algo parecido (parecido na sua cândida opinião), entusiasmou-se e mostrou desejos de ler uma história a mais de mais *Um moço pobre.*

Eça de Queiroz chamou-se *um pobre homem da Póvoa de Varzim* – com enorme sucesso. E eu tomei conhecimento de tudo isso muito cedo. Mas não vem daí não a minha escolha. Essa tem origem mais remota.

Talvez mesmo mais divertida, pois que deriva de certa passagem, repetida até a estereotipia, duma comédia que provocou a quem lhe assistiu um gozo só comparável em intensidade aos desgostos sofridos por quem a escreveu.

A comédia é *Tartuffe*. Seu autor? Um pobre cômico, que, todavia, faz sua linhagem remontar ao que há de mais corajoso no Racionalismo da Antiguidade. Para Philarète Chasles (nome para sempre ligado ao de Molière) o assunto da peça se encontra inteiro em Lucrécio, que, num só verso, traçou a divisa que iria distinguir Poquelin. E essa divisa nada mais é senão o programa, sempre condenado e sempre redivivo, dos que lutam contra a Mentira. – A passagem, que revelava a impostura sob a roupagem da simpatia mais comovida, era a frase *le pauvre homme* – que tanto sucesso cênico parece haver conquistado para a peça, desde a sua estreia.

Os que, numa página, amam mais que tudo as palavras e o seu arranjo, hão de acreditar na minha versão sobre o título do livro. Outros, mais objetivos, apenas dirão que é esse o nome dum dos seus contos – o último – e que empresta a denominação ao volume, como o faria se fosse o primeiro – primeiro e último se equivalendo em muitos casos. Sim. Mas o que eu não posso garantir é que meus ouvidos mais profundos – os da criação estética – tivessem já deixado de escutar o estribilho: *le pauvre homme... le pauvre homme...* Também aquelas palavras solenes, pronunciadas pelo Demônio – perdão! – por um poderoso chefe de estado diante do seu Conselho, bem que, mas diabolicamente, podiam ter gerado no pensamento do escritor (e à *son insu*, como ele próprio confessa) esse estudo, que parecia incidir sobre o Adultério, mas que veio a virar no estudo fisiológico do Casamento. – De qualquer maneira, nada disso tem importância.

Meu livro não teve saída: embuchou, como se diz na gíria jornalística. A criação de um livro é coisa laboriosa. Não basta escrevê-lo: é preciso compô-lo (graficamente falando), imprimi-lo, vendê-lo. E para o vender é necessária uma boa distribuição. Já não falo na acolhida que a Crítica lhe fará: me acostumei cedo a não contar com coisa tão alta, que na verdade não mereço. Livre-atirador (ou simples escoteiro) não me sentia com direitos de exigir um trabalho, por parte do estabelecimento tipográfico, que lhe daria mais incômodos do que lucros. Tudo reunido deu nisto: um belo dia recebi uma batelada dos volumes embuchados.

Empilhei-os onde pude. E passei daí em diante a usá-los como cartões-postais. Quando tinha de mandar alguma mensagem a algum amigo dado às coisas da Arte e da Literatura, escrevia-a nas páginas de guarda do volume – e postava tudo junto. – Não foi pois sem um certo espanto que vi agora, mais de quarenta anos depois, reclamar-se: a reedição dos meus contos de estreia.

É bem possível – eu costumo acreditar em coisas desse gênero – que aquele "pobre homem – *pauvre homme*" que martelava os meus ouvidos fosse apenas o eco antecipado, retrógrado, do futuro, conforme Eurico. E que o gosto que tomei pela expressão verbal tivesse sido criado e adubado pela Fatalidade. Porque, a partir daí, com intervalo apenas de poucos anos fui mesmo o que continuo a ser: um autêntico pobre homem.

O predicado (negativo, lógico) durou – como soem ser duradouros, nessa dupla tão manipulada, amor e ódio, quase que somente os ódios. – E na maioria gratuitos. Como a um político das minhas relações (ele era tremendamente liberal, já está se vendo), Nilo Peçanha, poderia tomar-lhe a última frase: *Conscientemente não fiz mal a ninguém.*

Eu me antecipo à censura: como tenho falado em mim nestas páginas! E não me justifico alegando que são memórias. Bem que poderia constituir as minhas memórias dos outros. Parece até que alguém já tentou isso. Duvido entretanto do seu êxito. A História é o melhor exemplo do gênero. E para ele eu não estou habilitado.

Mas o mais curioso é que jamais me imaginei sentado à máquina, batendo as minhas memórias. Era coisa que encerrava dois elementos que eu abomino: indiscrição e exibicionismo. Um colega, meu antigo professor na Faculdade e acima de tudo meu médico, ao me encontrar logo que a polícia me soltou, lembrou-me que então eu poderia escrever "as minhas prisões", como Sílvio Péllico. A sua sugestão não tinha um caráter gratificativo, de consolação: era o interesse dramático. Não se assustem com o termo: desde que o fato ultrapassava a raia do quotidiano, caía na órbita do drama – pequeno, médio, grande, mas drama de qualquer modo.

Não me lembro mais qual foi a minha resposta; com certeza fiz blague.

O que é exato é que, se estas *Memórias* tenham de espantar alguém, esse alguém se console com a circunstância de que o primeiro que se encheu de espanto com elas fui eu. E tanto maior quanto a ideia surgiu de improviso, sem a menor preparação, nem sequer psicológica. E sem a menor necessidade, o que é a verdade. No seu primeiro capítulo eu me deixei levar pelos enganos da saudade, supondo fazer algo útil ao rememorar passagens dum cenáculo literário aparecido há quase sessenta anos. Eu já disse: não foi engano meu, foi engano da minha saudade. – O que não tem perdão.

Le Play, que se orgulhava de haver estudado durante trinta anos, e as haver após descrito, a vida privada e as instituições dos povos europeus, talvez aprovasse, em princípio, um trabalho destes. É uma Para-História, melhor quem sabe do que um romance de costumes. Como num romance, há sempre um herói, no sentido que a literatura lhe dá de centro da intriga. E com a vantagem dum herói de carne e osso.

O meu venerando confrade e amigo me oferecia um modelo em que abundam as peripécias. Iguais às minhas. Eu já não experimentava nenhum constrangimento em evocá-las. Não tinha, para essa matéria, a sensibilidade do autor d'*As amargas, não*. Tanto que na conversação, quando as circunstâncias tornavam oportuno, eu as referia. Fragmentariamente. E se era em rodas mais íntimas, eu te minava com a ironia: – *A minha vida é um romance...* Ao que minha filha, num retruque que disfarçava mal a compassiva concordância ao meu dito, saltava com esta enorme verdade: – *Todas as vidas são uns romances. É que tu romanceias a tua.*

Terrível acusação, provinda de pessoa que bem me conhece e que desde agora (se o leitor por si mesmo não se apercebeu) desde já o habilita a refugar como fantasias as verdades que, talvez por serem um tanto duras, bem que se poderia considerar mentiras.

O maior defeito num livro de memórias é também a sua qualidade máxima: o ser pessoal. E isso o distingue dum livro de história. Será que o distingue mesmo? Quem não conhece o paradoxo de Anatole France, sustentando que a história não é uma ciência, é uma arte, e só se sai bem de empreitada tão realística por via da imaginação? A imaginação (e o arbítrio, o que é mais), estão a cada passo acompanhando o narrador de memórias. E quase sem controle, tanto vale dizer sem ajuda. Armando-lhe ciladas.

Eu não duvido que as tias da gente sejam feiticeiras. E nem precisam ser da minha terra no meu tempo de criança. A evocação do romance de Feuillet, pois só assim se explica a confusão da tia Matildinha, não está aí sem um alto sentido divinatório. Apareceu mesmo um outro romance, o de um pobre homem, que apenas não era mais um moço: foi na prisão que fiz meus quarenta anos.

O ato de prisão foi sobretudo um ato de traição. Com todos os agravantes: na calada da noite, noite de inverno porto-alegrense, chuviscosa pois, ao chegar à porta da minha casa. Parecia que o crime cometido, pela sua gravidade ou monstruosidade, não permitia a menor dilação. Ou que a claridade do dia viesse dissipar os propósitos – que só na treva se davam bem – dos opressores. Não é metáfora, que de resto não condiz com a minha maneira de escrever: é realidade. A noite dá o seu toque de clandestinidade. É tão verdadeiro isso no caso da minha prisão, que uma outra (não foi a última: a última foi do trânsito), que na seguinte, uma ordem de prisão determinada à noite, esperou pelo dia para ser levada a efeito pelos mesmos executores.

Mas o leitor perguntará: Por que preso? Tanto mais tocado de curiosidade se vier a saber que o encarceramento durou perto de dois anos; e que foi cumprido num corpo da guarda num quartel; nesse mesmo quartel, por vários meses no alojamento do oficial de dia; num outro, por pouco tempo e tão incomunicavelmente como nos primeiros dias da prisão; depois, num velho quartel abandonado e desmantelado, com sentinelas à vista; mais adiante, de volta ao primeiro estabelecimento, mas então num quarto escuro; por fim num cubículo na Casa de Detenção do Rio de Janeiro, com sua passagem obrigatória pela sala dos detidos da Central de Polícia.

Tenho em meu poder um documento oficial que dá alguns esclarecimentos sobre o assunto. Como há erros de datas, facilmente corrigíveis – o que farei chegado o momento – transcreverei dessa peça tão-somente o item II, que enumera os crimes por mim cometidos:

"II – DECLARAÇÕES

Ouvido pelos Drs. Argymiro Cidade, Josino Brasile Hermes Hervé, respectivamente, o Dr. Dyonelio Machado confessou:

a) As suas atividades na A.N.L. e na Liga Eleitoral Proletária.

b) As suas ligações com o Tte. Cícero Neiva, Capitães Agildo Barata e Moésias Rolin, Major Carlos Costa Leite e Comandante Roberto Sisson.

c) A Presidência Honorária de Luiz Carlos Prestes na A.N.L., justificando o entendimento daquele chefe comunista com a Aliança.

d) O incitamento a uma greve de ferroviários, marítimos, chauffeurs e garçons, bem como a uma de gráficos na Livraria do Globo.

e) O derrame de boletins 'Pelo Povo, por pão, terra e liberdade', atribuído a Marciano Belchior Filho.

f) A autoria da entrevista concedida a A Razão de Santa Maria, em 20 de novembro de 1935, e em que declarava que desejava para o operariado brasileiro um movimento que tivesse como paradigma a revolução russa."

Todo esse rol de crimes consta duma Informação, prestada pela chefia da polícia de Porto Alegre, em 1938, cujo original veio parar às minhas mãos por nímia gentileza dum amigo, o qual, na época, constituía membro importante do Governo do Estado. Sem que eu soubesse, tratava-se de me reintegrarem no cargo de médico do Hospital Psiquiátrico São Pedro, donde tinha sido retirado pelo poder três anos antes. E retirado pela força, embora, na ocasião, fosse mais adequada, em lugar da força bruta, a força do sofisma.

A informação policial faz uma certa contradança nas datas, cuja correção, como prometi, operarei *en passant*. No momento quero, a bem da verdade, aumentar os cargos que pesaram então sobre mim.

Tudo começou em julho de 1935. No dia 5 do mês, adrede escolhido pelo que ele já representava na nossa história política, presidi (apagado), Teatro São Pedro da capital do Estado a instalação pública da Aliança Nacional Libertadora, frente ampla, nos moldes das Frentes Populares que se vinham formando nalguns países da Europa, onde chegaram mesmo ao poder, sem maior abalo da sociedade. No momento em que redijo estas páginas de recordação, temos, trinta e seis anos depois, uma representação perfeita dessas coligações de homens avançados, quando não de partidos, na exitosa união de patriotas que, no Chile, levaram Allende à suprema magistratura da nação. Por um ato de puro arbítrio ditatorial, a A.N.L. foi fechada a seguir teve seu registro cassado. Com isso não nos conformamos E um dos nossos núcleos – que assim se chamavam os nossos organismos de base – o Núcleo dos Gráficos resolveu ir a uma greve de protesto por vinte e quatro horas. Fui incumbido pela organização para articulá-la. Achava-me nessa tarefa nas oficinas gráficas dos matutinos, sem a menor clandestinidade, em contato mesmo com a direção de alguns, quando, alta madrugada – madrugada chuvosa e fria – de volta, ao chegar à porta da minha casa, vejo saltar da sombra que fazia uma sacada dum prédio fronteiro, como dois animais saídos da toca para o bote, os investigadores que me vieram prender. Ainda houve de minha parte algo que não lhes agradou: quis entrar em casa, o que eles não me permitiam.

– Se é pra deixar o revólver, não precisa, porque pode ficar com o senhor.

O fato é que entrei. Sentia toda a importância do acontecimento. Tinha família, mulher e filhos, e ainda minha Mãe, gravemente enferma. Não era possível sonegar-lhes o conhecimento disso.

A despeito da greve programada incluir no seu plano de reivindicações matéria específica da classe operária, ela era eminentemente política, numa grande proporção alheia às "condições do trabalho". O que configurava infração à então flamante "Lei de Segurança Nacional" da época. Num dos seus artigos fui enquadrado. E, olhem, não é por querer me gavar, como diz o gaúcho, mas periga que eu tenha inaugurado aquele "estatuto". Não averiguei, nem mesmo me interessa saber. Porque, estejam certos, não considero honra nenhuma, nem sequer honra sinistra, ter sido objeto desse sistema de opressão, que no Brasil se perpetua, sempre renovado e sempre mais opressivo, com o nome, eterno como o mal, de Lei de Segurança Nacional.

Fora do Brasil, para quem me lesse, soaria como monstruosa a comparação. Nunca poderia representar um mal um corpo de regras que velasse pela segurança da pátria. Sim, um estatuto jurídico estabelecido nessa base só poderia granjear aplausos e confiança. Zelando pela segurança do todo, estaria do mesmo passo defendendo as pessoas. Nem é outra coisa o que fazem os códigos penais de todo o mundo. Mas as leis de segurança entre nós, não só vão além dos códigos penais, criando novos crimes, como os revogam no seu espírito multissecular. O direito de cruzar os braços diante duma situação que somente dessa forma possa ser encarada, é tão natural como o dum negociante que não pode resolver sua crise pecuniária senão fechando seu negócio. Dirão que uma "parede" com intentos de luta política é uma nova figura, para a qual precisa de uma nova dialética. Mas ainda assim: a greve política não constituiria outra coisa senão um protesto, e o direito – mais: a obrigação de protestar – está entre as funções mais caras à conservação do indivíduo e à conservação das sociedades.

As nossas leis de segurança (inclusive a que me atingiu) tiveram o dom de tirar do vocabulário político a palavra "Não". Imagine-se um indivíduo a quem se mete goela abaixo uma bebida imunda ou envenenada. Não se lhe reconhece o direito de não ingeri-la. – Não deve causar nenhuma surpresa se um dia ele a vomitar em plena cara de quem lhe deu a beber. Isso no caso de não morrer com a beberagem.

Por mais estranho que pareça, dadas as condições de tempo e espaço, eu, como a geração dos meus mais próximos antepassados, sou filho da Revolução Francesa. Como funcionário público, na esfera municipal e estadual, cansei de fazer o fecho dos ofícios com o lema da Revolucão – *Salut et Fraternité*, que se traduzia muito ao pé da letra por uma coisa que muito me intrigava: Saúde e Fraternidade.

O direito de divergir era sagrado, e amparado pelas leis. Defender ideias, mesmo revolucionárias, não era delinquir. Em plena monarquia, com um poder que de moderador só tinha o nome, pois confundia reinar com governar, a propaganda da república se fez com todas as garantias. O último parlamento imperial contava com deputados republicanos, eleitos pelo partido republicano. Em 1889 a propaganda da república já possuía a sua maturidade política. Quase vinte anos antes seus propósitos ficaram bem claros num manifesto que passou para a História. Em Porto Alegre, mais de um lustro antes da proclamação da República, publicava-se um jornal político com um dístico que hoje levaria seus redatores à cadeia e quiçá à pena de morte, porque preconizava, numa alternativa, a coisa mais grave que se pode desejar para o país: a secessão. Federacão – Unidade; Centralizacão – Desmembramento. Era o eloquente chamamento que se fazia ao governo central, intoxicado pelo mando, suserano em cima de seu trono, tratando as províncias como um feitor aos escravos que se acham sob a guarda do seu açoite.

Bem que eu fui avisado naquela noite (que deveria findar para mim numa outra noite que durou quase dois anos – a prisão), bem que me foi advertido que o ato que iria praticar era defeso pela lei de segurança nacional. E quem me avisava era jurista e meu companheiro de direção na Aliança. Mas, ponderei eu, crime seria deixar passar em julgado o crime – esse sim, verdadeiro – que se praticava contra uma agremiação política, só porque ela não comungava com a filosofia do governo. Não nos haviam deixado outra forma de protesto. Meses depois, na cadeia, quando a situação que enfrentávamos não nos oferecia mais do que um gênero de luta, usei do mesmo raciocínio: legitimando uma greve de fome, com todos os riscos que ela implica. – Aqueles cinco espectros, vagando esquálidos na penumbra do quarto escuro, estavam afirmando algo, que deveria valer qualquer coisa diante do sacrifício que lhes custava.

Fui pois processado e condenado perante a justiça federal.

Mas uma condenação nem sempre é sinônimo de arquivamento.

predicado que não fôsse a confiança que sempre inspirei aos meus camaradas. A escolha da minha pessoa para certas tarefas — as que diziam com os sujeitos «importantes» — derivava da minha pouco elogiável procedência: eu saía da pequeno-burguesia intelectual.

Em Livramento, na fronteira sudoeste do Rio Grande, fui procurar o então senador Francisco Flores da Cunha. Era o irmão mais velho duma família que muito representara para a minha gente. Pra começar, êle era compadre do meu pai. No momento, seu irmão, José Antônio Flores da Cunha, governava o Estado.

Êle já me recebeu com uma espécie de «palinódia». Claro que não havia nada que lhe exigisse retratação. Mas o "coronel" Chico Flores (seu irmão tinha um pôsto maior: era o "general"), o então senador, pelo que, de motu proprio, me confessou, se julgava no dever — dadas as nossas relações de família — no dever de ter acorrido — o que naturalmente não fêz — em meu favor no curso daquele

IV

Sursis à l'exécution

Sentamos três no banco dos réus. É um banco duro, não sei se sabem. É desconfortável em todos os sentidos. Éramos: Marciano, Bernardino e eu.

Na polícia eu ainda fizera uma tentativa de nos safar da condenação. Um político militante – ativista – é útil em qualquer lugar, mesmo no cárcere; mas ainda é mais útil em liberdade. Assim, procurei atenuar a "culpa" dos três. Nesse sentido, as minhas declarações não continham todo o seu "veneno" – base em que se ia datilografando o competente termo.

A polícia, porém, não se dava por satisfeita. Insistia sobre os pontos nevrálgicos. Parecia saber de coisas que eu teria feito, e que não julgava oportuno confessar. Num dado momento o inquisidor suspendeu o interrogatório pra dar uma ordem: e o Bernardino entrou.

Vinha esculhambado.

Não se escandalizem: na linguagem das prisões – pelo menos das prisões que a nós se destinavam – o termo não é a obscenidade que a sua etimologia apregoa. – O que Bernardino estava... era um trapo. E não por ter sido sovado, vítima – que não foi – de maus-tratos físicos. Não: tratava-se dum sofrimento moral. O que ele me disse ao chegar à sala dos interrogatórios o revela de sobra:

– Não adianta negar, Dr. Dyonelio: eu contei tudo.

Mas não, não era verdade. Algo, numa mocidade que logo se intimida, ele deixara por dizer; e que eu aproveitei, para salvar pelo menos um de nós: me atribuí a mim tudo quanto tinha sido feito por Marciano Belchior, velho e denodado líder operário. Eu traficava com o empirismo político da polícia: ela supunha ganhar mais "enterrando" um doutor do que um simples trabalhador... E a coisa deu certo, como as sentenças finais bem documentam: eu recebi condenação maior que Bernardino, e Marciano foi absolvido.

Mesmo assim, a minha pena não chegava a um ano de prisão. E era a primeira vez que eu delinquia. Mas havia algo mais que me dava o direito de impetrar o sursis.

Não vale a pena consultar a lei para enumerar os demais requisitos. Eu tinha feito, de maneira exuberante (reconhecido o fato mesmo pela acusação), tinha feito prova de bons serviços prestados à coletividade. Meu crime não implicava em ofensa à honra das famílias. Que mais poderia um criminoso primário, condenado a menos de um ano de prisão, realizar para pleitear o direito da suspensão da pena?

A liberdade, para o Homem, é como a saúde: precisa-se lutar por ela. E eu lutei.

O sursis foi pois impetrado. E denegado.

Não me conformei, tendo mesmo de enfrentar a opinião técnica, para quem apenas a concessão é que dava faculdade de recurso, no caso do sursis fazer mais mal do que bem ao suposto beneficiário.

Eu possuía uma avaliação do preço de nossa liberdade, no afã da reação em nô-la arrebatar. Era pois um imperativo lutar por ela.

Muitos dos nossos amigos, nesses primórdios da campanha aqui, eram tomados de entusiasmo pela agitação anárquica, que uma falsa dialética propiciava. A surpresa que despertou minha prisão e certa estranheza diante das tropelias de que era vítima um homem o seu tanto conhecido, pareciam-lhes, pela agitação criada, compensar os males políticos que daí advinham. – Não se haviam identificado com as dificuldades, tanto de ordem prática como doutrinárias, enfrentadas por Lenine, nas estepes geladas da Sibéria, com a polícia no seu encalço e nome trocado – ilegal, no nosso vocabulário – censurando, com seu tirocínio de chefe, a direção que sediava na Suíça: *Eu peço propaganda e me mandam agitação.*

No meu caso, eu partia dum pensamento de leigo, muito simplista portanto. Supunha, diante da imagem direta que a lei oferecia e sem interferência das sutilezas da Hermenêutica – que naturalmente se achavam fora do meu alcance – supunha haver realizado as condições exigidas para o atendimento do que pleiteava. Se aqui mo negavam, deveria ir bater a outra porta. – E essa porta era o Supremo Tribunal Federal.

Mas para isso, como já antecipei, eu precisava começar "argumentando" com aqueles que sustentavam, na melhor boa-fé, que a lei não me conferia tal oportunidade. Eram os meus advogados, doublés de companheiros políticos.

A minha tese inaugural, com a qual eu me habilitava ao doutoramento em medicina, colocou-me em contato com os vários aspectos da criminologia, neles incluídos os que caem na esfera penalógica.

O meu trabalho considerava o crime, mais especificamente o homicídio, como decorrente da luta em que se empenha o homem na árdua tarefa da conservação própria. Constituía um meio de subsistir – anômalo, sem sombra de dúvida, mas motivado por condições imanentes à sua condição de ser vivo.

Isto, posto desta maneira, me levava, em direito penal, aos famosos Julgamentos do Presidente Magnaud.

Estava em causa o estado de necessidade. E, no nosso país, quem dele se fizera quase um pioneiro foi Galdino Siqueira.

Claro que, de posse do seu livro, não me limitei a uma simples consulta: li-o todo. Quando, três anos depois, enfrentava um problema que – olhe lá – talvez necessitasse da dialética defendida pelo presidente Magnaud na famosa audiência de 4 de março de 1898 no Tribunal de Chateau--Thievry – quando estava em jogo o mais caro atributo da pessoa humana – a liberdade – recordei que a Parte Geral do seu *Direito Penal Brasileiro* dizia algo sobre os sursis, que era mister relembrar agora.

Com efeito: lá estava o meu caso, com o direito lídimo e certo de interpor recurso contra o "abuso da autoridade", que constituíra a única "razão" em que se "fundara" a sentença denegatória.

Nunca se me ofereceu oportunidade de mostrar a João Mangabeira, como quereria, todo o agradecimento a que o seu trabalho de causídico junto do Supremo Tribunal Federal fizera jus. E com a circunstância da incumbência de ter sido da sua própria iniciativa. É certo que nela colaborei: escolhendo o seu, entre os grandes nomes que espontaneamente figuravam na lista, para patrocinar minha causa naquela corte.

No vasto material compulsado para o meu trabalho inaugural, a suspensão da pena não teria seu lugar, por estranha ao tema. Mesmo assim me interessou. Mal contava fosse necessitar disso poucos anos depois, não para uma obra acadêmica, mas para um trabalho eminentemente prático.

A lição de Galdino Siqueira era metódica e bastante. E dela ficara uma asserção que, pelo seu sentido dialético, estava destinada a conservar-se – como sucedeu.

É que, num julgamento todo pessoal, embora o arbítrio do julgador se achava restringido. Galdino Siqueira acentuava que a faculdade de apreciação conferida ao juiz era discricionária, mas não arbitrária. Tanto que o magistrado contraía com o público, as partes e seus superiores um dever: o da motivação do seu ato. Não poderia fazer o que bem entendesse, como qualquer comissário de polícia, porque, por sua vez, seria julgado. Tanto mais que a suspensão da pena não constituía uma simples dádiva de quem a concedia, mas um "direito" daquele que a impetrava.

Eu não precisava de mais nada para interpor meu recurso.

Na tempestade do meu encarceramento muita coisa perdi. Perdi, por exemplo, o volume de que me valera na tese e no caso do meu sursis.* Mas não foi tudo: perdi também a grande carta que recebi do seu autor, agradecendo o exemplar da tese que lhe mandei. Foi uma pena.

Acreditem na concepção de Janet, dos seus *grandes sistemas de pensamentos*. E, se quiserem atualizar-se, admitam a sua última metamorfose: *os reflexos condicionados de Pavlov.* Foi o apreço às palavras de Galdino Siqueira – que eu não esperava e em rigor não merecia, mas que me lisonjeavam e cujo eco ainda decerto se fazia ouvir na minha memória – foi esse apreço que trouxe consigo todo o pensamento do mestre.

Houve um momento de satisfação. Foi quando o juiz acabou me concedendo, por sentença duma instância superior, o sursis que ele próprio me havia negado. – A satisfação reside na gentileza feita à vítima e que o fato lhe propiciou: concedeu a suspensão da pena pelo prazo mais curto que a lei estabelece.

Mesmo assim eram dois anos. Dois anos de liberdade vigiada. A reincidência no "crime" traria de novo o condenado às grades. E o tipo de criminoso que eu era favorecia sobremaneira a reincidência. De qualquer forma, desde aquele instante eu me acharia na rua. Já haviam decorrido mais de quatro meses que permanecia à sombra.

Não foi a polícia que armou os acontecimentos que a aliviariam do encargo de viagiar a minha conduta pelo período de dois anos em espaço aberto: a tanto não ia seu poder. Mas como ela soube aproveitá-los para saciar um sadismo compulsivo e jamais saturável! Estourara a rebelião de novembro no

(*) N.A. *Direito Penal Brasileiro*, vol. I. Parte Geral. 2. ed., Livraria Jacinto, 1932.

Nordeste e logo a seguir no Rio de Janeiro. – O prazo de suspensão da pena por dois anos encurtara-se para pouco mais de dois dias.

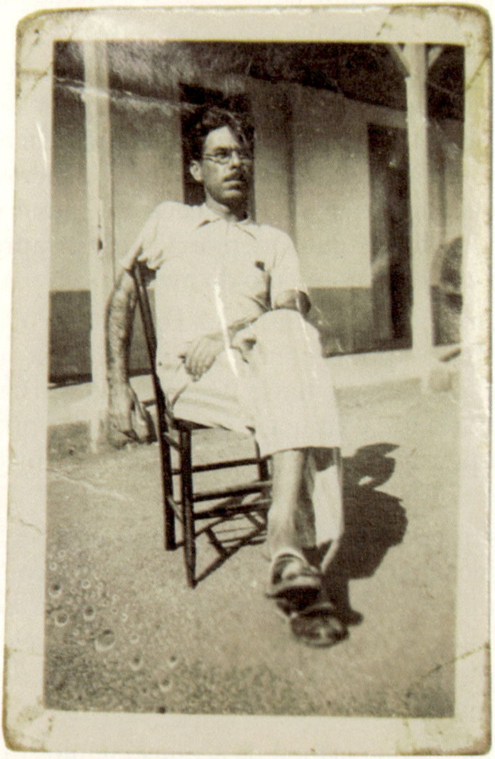

Porto Alegre, 1935: Dyonelio na prisão do Quartel das Bananeiras, da Brigada Militar, no bairro da Glória

V

Novembro de 35

Eu participei de cargos de direção da Aliança Nacional Libertadora, tanto no seu período legal como na sua ilegalidade; quer achando-me solto, quer encarcerado – pois a vida política continuava na cadeia como se nada houvera. Entretanto, não se fez – pelo menos estando eu presente – a apreciação dialética que os acontecimentos de novembro de 1935 estavam a merecer. Daquele drama político, que tamanhas consequências gerou, só me ficou a visão do que se estava sucedendo na ocasião, abstração feita das mentiras solerte, governo. Pessoalmente considerei o fato uma precipitação. Se não mesmo uma provocação por parte dum poder que se fascistizava a olhos vistos, e necessitava dum novo "incêndio do Reichtag" para se descartar da única forca animada de propósitos realmente democráticos: os socialistas.

A pouca maturidade política dos camaradas, segundo pude comprovar em mais de uma oportunidade em tantos anos de vida partidária, serviu como "disparador" para movimentar a máquina do seu entusiasmo patriótico.

A reação estava amedrontada. Possuo disso um testemunho de peso. Em junho de 1937 fui libertado, beneficiário, como tantos outros, da "Macedada" – do nome do então ministro do Interior e Justiça, Macedo Soares. E deixei a Casa de Detenção do Rio de Janeiro com várias tarefas a realizar. Algumas se prendiam às então próximas eleições presidenciais.

Claro que não se realizaram: dando "coroamento" a todo o seu nefasto e inglório trabalho de fascistizacão do seu governo, Getúlio Vargas, que será sempre rememorado como o fautor insigne do retrocesso político do nosso país, Getúlio desfechou o "putsch" de 10 de novembro.

Mantive encontros com muita gente, no Rio e fora do Rio. Não se deduza disso que eu pudesse gozar, no seio da organização, doutro predicado que não fosse a confiança que sempre inspirei aos meus camaradas. A escolha da minha pessoa para certas tarefas, as que diziam com os sujeitos "importantes" – derivava da minha pouco elogiável procedência: eu saía da pequeno-burguesia intelectual.

Em Livramento, na fronteira sudoeste do Rio Grande, fui procurar o então senador Francisco Flores da Cunha. Era o irmão mais velho duma família que muito representara para a minha gente. Pra começar, ele era compadre do meu pai. No momento, seu irmão, José Antônio Flores da Cunha, governava o Estado.

Ele já me recebeu com uma espécie de "palinódia". Claro que não havia nada que lhe exigisse retratação. Mas o "coronel" Chico Flores (seu irmão tinha um posto maior: era o "general") o então senador, pelo que, de *motu proprio*, me confessou, se julgava no dever – dadas as nossas relações de família – no dever de ter acorrido – o que naturalmente não fez em meu favor no curso daqueles dois anos de encarceramento e de vicissitudes por que passa um preso político nesses regimes ditatoriais. Eu deixei a sua catarse morrer, sem o menor comentário. Mas ele, daí, passou para o aspecto especificamente político, revelando temores, que a Crônica Política do Brasil deve recolher, razão por que os incluo nestas *Memórias*.

Aludiu a um dos nossos comícios. O do Largo da Carioca, no Rio de Janeiro. E declarou que, se aquela massa, no ponto de vibração em que se achava, se decidisse a marchar contra o Catete (a sede do governo) teria no ato tomado o poder.

"Se decidisse"... A gente só toma uma decisão, tanto do ponto de vista pessoal como gregário, quando "sente" uma necessidade, e sabe (ou supõe saber) onde encontrar-lhe a "satisfação". Pelo fato daquela grande massa não haver sido esclarecida sobre as suas necessidades, foi que o comício do Largo da Carioca não se transformou numa coluna de ataque (que o Coronel Chico Flores tanto temeu) mas numa dispersão, após um espetáculo, cada um dos comparecentes procurando os seus pontos de bondes (que ainda havia) ou de ônibus ou de trens suburbanos, pra voltar tranquilamente às suas casas.

Nunca me cansarei de repetir o queixume de Lenine: *Eu quero doutrina. Vocês me mandam agitação.*

O Brasil tem a triste fama de ser um país de improvisação.

Improvisação, no sentido de coisa acabada, não existe. Fala um velho psiquiatra, que não se distinguiu em nenhum aspecto, mas que muito estudou e meditou. Se não fosse para não escutar mais uma vez o reproche de que este velho pobre homem é um "poço de vaidade", ou que será essa a "menor de suas vaidades", eu diria com o velho Poeta:

> *Nem me falta na vida honesto estudo, com longa experiência misturado.*

O resto da oitava rima nunca jamais se aplicará a mim.

Mas improvisação é o primeiro grau dum ato que, em perseverando, vai ter ao seu termo definitivo. E não a uma etapa intermediária – verdadeiro relé mas ao ato que a necessidade, especificamente, reclama. A reação – o imperialismo – sabe que está morta. Procura prolongar o próprio fim, com meios que mais o apressam. – É uma contingência obrigatória. E "fatal", dentro das leis que regem o desenvolvimento das sociedades.

O governo saído da insurreição de 1930 apanhou no ar o modelo então em voga: um governo de direita, altamente demagógico e populista, forma híbrida dum capitalismo que chegara, com a enorme concentração do capital, ao seu momento de transformação crítica. A maré socialista batia os diques em que o imperialismo se circunscrevera, com todo o vigor duma onda formada na livre amplidão do mar alto. Adotando uma linguagem "socializante", intitulando-se mesmo um partido socialista, o fascismo talhou todos os figurinos com que a reação se travestia por aí afora.

Envergou camisas de desvairadas cores. Fascismo, na Itália, Nazismo, na Alemanha, Falangismo, na Espanha, Corporativismo (ou que outra alcunha tenha) em Portugal, Integralismo, no Brasil, constituíram outros tantos avatares dum ódio de classe que o mundo ainda não conhecia, porque era novo na sua apresentação: era um ódio técnico. Esse aspecto, emprestando formas "modernas" à barbárie, não iludia ninguém: dava porém "razões" àqueles que ligavam seus interesses a essa trágica pantomima. A reação imperialista, que inventara máquina tão terrível, via pela primeira vez no século, nutridas mobilizações de massa, o que lhe antecipava a vitória contra o famoso Fantasma, que, uma vez lançado sobre o mundo, continuava a percorrê-lo e assombrá-lo...

Este livro é uma conversa com o passado. Só isso. Não terá pois mais compromissos com a História, nem com a Sociologia.

Não tenho medo da Pesquisa – o que já ficou provado perante os que me leem. *Deuses econômicos, Uma definição biológica do crime, Eletroencefalografia* são exemplos, não dum amor – não vou tão longe – mas dum espírito de decisão, diante duma tarefa que mobiliza o *fouilleur* – o sujeito de alvião e de pá: alvião pra escavar, pá, pá de cunha (ou caçamba – muito melhor!...) para recolher. Demais, quem vai por fim traçar o roteiro destas linhas (linhas mesmo; linhas de linotipo, como eu almejo) é o trabalho – a bem dizer uma crônica – que agora empreendo.

Há na minha vida um espaço de tempo, que parece que foi ontem, mas que já soma praticamente um quarto de século. E nesse quarto de século, a psiquiatria e a doença me mantiveram preso.

Era sina. Uma vez alguém arrebatado à vida, não terá mais chances de a ela voltar. Pelo menos na sua plenitude. Quando escassearem os carcereiros, o próprio será seu carcereiro.

Isso não é magia: meditem um pouquinho, antes de levantar a acusação. Nada há de imotivado. Minha esposa – penso eu, no meu fraco entendimento, como se diz na minha terra, minha esposa – tinha ciúmes da prisão, como duma outra mulher. Me "sentia" muito adaptado ao cárcere. No fundo eu era um revoltado: meu comportamento na cadeia (e em toda a luta) bem o atestam. Mas, pragmaticamente, eu incluía a prisão entre os sucessos habituais, por isso que não assumia aquele ar melancólico (e besta, é a verdade) dos "presos" propriamente ditos... E a coisa não ocorria só comigo: no Pavilhão dos Primários da Casa de Detenção, onde fiquei engaiolado de começos de agosto de 1936 a começos de junho de 1937, certa vez, por ocasião do carnaval, eu, de parte, vendo as "fantasias", ouvindo as canções, originais, compostas ali mesmo pra grande festa carioca, o "enfezamento", também carioca, da turma, senti o fato e o comentei: o ambiente não parecia mais aquela prisão lôbrega, e nem aqueles "carnavalescos" deixavam ver por debaixo dos papéis coloridos com que se fantasiavam, os corpos maltratados, que a tirania fascista seviciava, voluptuosamente, perseveradamente.

Muitos dos mascarados saíram dali pras câmaras de gás dos campos de exterminacão de Hitler.

Porque – será uma vergonha eterna pra nossa terra – a polícia política da ditadura getuliana abastecia, de conluio, os campos de concentração e de extermínio dos sub-homens nazistas.

Há muito de romântico na luta. E, sobretudo, na privação da liberdade por forca dessa luta. Compreende-se: é um atestado de personalidade que o inimigo confere àqueles que encarcera. Mais: um atestado duma personalidade maior do que a do carcereiro, porque perigosa – dum grande perigo para a sua própria personalidade; esta, como está numa posição pa-

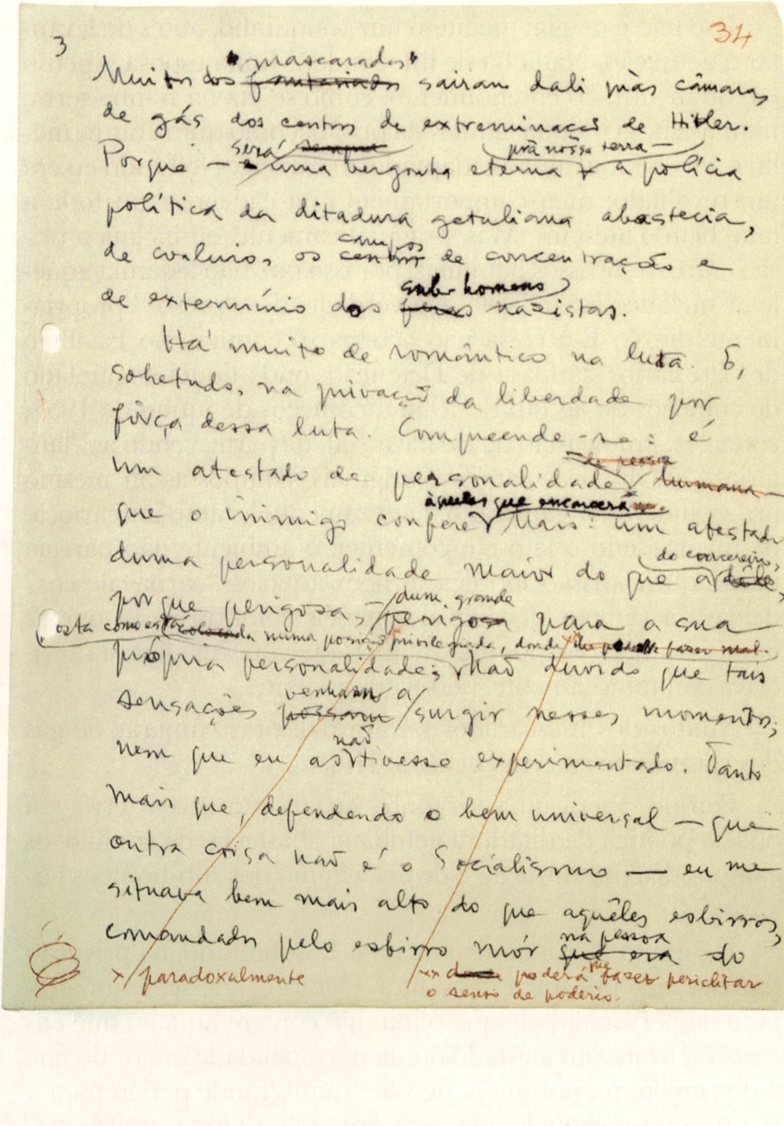
3 34

Muitos dos mascarados saíram dali pràs câmaras de gás dos centros de exterminação de Hitler. Porque — será uma vergonha eterna pra nossa terra — a polícia política da ditadura getuliana abastecia, de coluios, os campos de concentração e de extermínio dos cabo-homens nazistas.

Há muito de romântico na luta. E, sobretudo, na privação da liberdade por fôrça dessa luta. Compreende-se: é um atestado de personalidade de nossa humana que o inimigo confere àqueles que encarcera. Mais: um atestado duma personalidade maior do que a do carcereiro, porque perigosa — duma grande perigosa para a sua própria personalidade; está como colocada numa posição privilegiada, donde lhe poderá fazer mal. Não duvido que tais sensações venham a surgir nesses momentos; nem que eu as não tivesse experimentado. Tanto mais que, defendendo o bem universal — que outra coisa não é o Socialismo — eu me situava bem mais alto do que aquêles esbirros, comandados pelo esbirro mór na pessoa do

paradoxalmente

poderá nos fazer periclitar o senso de poderio.

radoxalmente privilegiada, donde poderá lhe fazer periclitar o senso de poderio. Não duvido que tais sensações venham a surgir nesses momentos; nem que eu não as estivesse experimentado. Tanto mais que, defendendo o bem universal – que outra coisa não é o Socialismo – eu me situava bem mais alto do que aqueles esbirros, comandados pelo esbirro-mor na pessoa do presidente da República, que, empunhando o látego, exclamavam a cada golpe: *A reação é sórdida?* Numa sensação de culpa que buscava na antifrase um motivo ilusório. Quem sabe se semelhantes coisas, de sua natureza misteriosa, não condicionam a coragem ou o estoicismo. Hoje, velho e doente, com o fim à vista, talvez possa dar a impressão leopárdica dum enamorado da morte. É engano: quero viver.

Todavia, esta prisão de um quarto de século, durante o qual somente vivi em rigor para as afeições pessoais, para a profissão e para a doença, não foi, não, obra tão somente dos acontecimentos. Na certa que eu entrei nisso como um colaborador. Digo-o para me julgar, antes que outros o façam. Ninguém se abalançaria a isso, eu sei. Quanto mais não fosse, porque conheço o bom nome de que desfruto entre os meus verdadeiros amigos. Mas a verdade é que me encarcerei. – E, dessa vez, não tirei nem falso prazer nem falsa glória. Deixei, apenas, de existir.

Agora se vai compreender o meu gesto de tentar uma apreciação dialética dos acontecimentos de novembro de 1935, na suposição de que nunca ela tenha sido feita. *Quod abundat non nocet.* Se eu chegar tarde, não importa: é uma opinião a mais, simplesmente.

No Brasil – forçoso reconhecer – a Revolução não contou com a massa. Seus integrantes eram na grande maioria elementos da pequena burguesia, esse setor sempre oscilante entre esquerda e direita. Mas era ativo. O que valia por uma demonstração de força. Apenas não era a força da massa, sem a qual nada se faz em matéria revolucionária.

Já contávamos com uma elite operária. Vi isso, e de maneira inolvidável, em todas as fases da luta: na legalidade, na ilegalidade, na prisão. Mas não bastava. Massa pressupõe volume, peso e consistência. Naqueles camaradas saídos do proletariado tínhamos a coragem, a sinceridade, a abnegação, o entusiasmo. Mas também só isso não basta para derrubar uma fortaleza que se estruturou durante milênios, carreando todos os materiais que a natureza dispusera sobre o orbe. Entre esses, o material humano era o que mais confrangia. A fortaleza é o capitalismo, seu instrumento de ação é a exploração cínica do homem.

Com uma dialética empírica, fruto duma velha experiência, esse cancro social, como uma simples célula, se divide. Pratica-se uma verdadeira fissiparidade. Cria uma oposição, que é, virtualmente, a sua metade. Persegue-a, agride-a. Nega-a mesmo. Contudo, no fundo ambas essas porções do mesmo indivíduo coletivo visam ao mesmo objetivo: a manutenção duma situação retrógrada, altamente egoísta, que, sob as multiformes variantes – inclusive a populista – tem em mira tão somente perpetuar o escravagismo.

No amanhecer da minha mentalidade para a grande luta do Socialismo, ouvi dum operário uma "verdade" (verdade dele e duma maioria) tão eloquente, que a registrei num dos meus livros de ficção. Estávamos em vésperas de eleições, o operário devia votar. E, claro, contra o governo. Na oposição, portanto. – A tanto se reduzia o seu protesto. Tolice censurar esse homem do povo. Quero dizer com Cícero: *nos, dico parte, Consules desumus.*

Novembro de 1935 foi um movimento militar, que não saiu à rua, se restringiu aos quartéis. Um dos tantos movimentos ditos "insurrecionais", que entretanto não contam com intervenção do povo. As circunstâncias, para as quais concorre decisivamente a minoria intelectualizada do país, proporcionam à força armada a oportunidade de dar o golpe – desfecho. Em 7 de setembro de 1822, aquela espada erguida pelo augusto militar que proclamou nossa independência servia de lábaro e profecia: havíamos de percorrer as etapas da vida política da nacionalidade pelos caminhos que a espada se dignasse nô-los abrir. E nem sempre são esses os mais adequados.

Embora haja sido de novo encarcerado em virtude da sublevação militar de 1935, dela não participei. Nem o poderia fazer porque a bem dizer já me encontrava preso. Não obstante, sofri, sem queixumes, todas as agruras por que seus autores passaram. Sem queixumes, mas não sem a crítica fraternal. A minha chegada à Casa de Detenção do Rio de Janeiro, meio ano depois dos sucessos, tão pronto cessaram as aclamações com que os camaradas da prisão nos recebiam (os que do Rio Grande éramos transferidos para lá) em reunião reservada do órgão dirigente naquela prisão, mostrei a minha estranheza ante a displicência com que se mantinha no maior desligamento os camaradas gaúchos, propiciando à reação sevícias, provocações, propaganda capciosa, colaborando com ela no desfalque de quadros para a luta. Das "explicações" que a minha crítica suscitou ficou-me uma impressão de coisa deliberada de afogadilho, sem plano, esperando se organizar (se a tanto almejava) no próprio processo da luta armada. Punha-se uma esperança infantil, verdadeiramente mágica, em sucessos puramente aleatórios. Como se a ordem vigente estivesse já tremenda e fundamentalmente abalada, que um primeiro encontrão a fizesse ruir qual um castelo de cartas.

Por esses acontecimentos, a que dei naturalmente minha solidariedade afetiva, irmanando-me na desgraça com os camaradas derrotados, por tais fatos, para a eclosão dos quais não concorri de maneira nenhuma, ainda fiquei atrás das grades mais um ano e meio, o que perfazia ao todo quase dois anos de cadeia.

A minha luta pelo sursis tinha um sentido muito mais político do que pessoal. Para um homem afamiliado, com mulher e dois filhos menores, a mãe velha e doente, mais ainda, enferma, o que vale pela invalidez; para um médico, com seus deveres perante seus pacientes, uma declaração destas por pouco não chega a escandalizar. Mas esse é o fato. Eu aparecia na luta com quarenta anos: não é idade das aventuras. Tudo fiz para romper as cadeias que me inutilizavam para a vida política, no seu sentido mais amplo, isto é: na rua, utilizando taticamente a liberdade em prol das ideias que defendíamos. Minha crítica apontava implicitamente o prejuízo que uma decisão pouco amadurecida pode acarretar, sobretudo em matéria dessa relevância.

Há fatos que, pra serem explicados ou simplesmente compreendidos, necessitam à gente remontar a tempos anteriores, não fossem eles meros elos dessa cadeia interminável que é a História.

E, visto que estou escrevendo as "minhas" memórias, vou começar o parágrafo com uma reminiscência pessoal.

Era há cinquenta anos, no primeiro semestre do ano inolvidável de 1922. E eu me encontrava, pela primeira vez, no Rio de Janeiro. Deixara em casa, com a mãe e as avós, a filha, primeiro rebento duma estirpe que vem resistindo ao tempo. Era o ano do centenário. E seria o ano dos Dezoito do Forte.

Na ocasião eu prestava serviço de estafeta a Borges de Medeiros.

Nem honroso, nem vil, o serviço político de que me achava eventualmente incumbido: apenas obrigação partidária. Porque, desde os meus antepassados da linha materna, ligara-me à agremiação política que merecera a predileção da família. Com o decorrer do meu primeiro tempo político (seja dito de passagem) outro liame me prendeu a esse partido, o Partido Republicano Rio-Grandense: sua feição socializante. – Vem a propósito rememorar isto:

Achava-me preso no terceiro batalhão da Brigada Militar do Estado, situado à Praia de Belas. Aí, entre outras visitas (nos meteóricos tempos em que cessava a minha crônica incomunicabilidade) recebi a visita de Paim Filho. Amigo como era, tomou a bem recebida liberdade de lamentar que me fosse encontrar naquela situação. Situação que não era nova pra nós: também no Rio, após a chamada Revolução de 1930, eu fora também visitá-lo numa prisão: somente que não se tratava dum quartel, mas dum navio.

É claro que não me cabia relembrar isso a quem, movido pela afeição, enfrentava a barreira da polícia política pra levar seu abraço ao amigo e antigo correligionário caído. Limitei-me a uma observação, que traduzia um fato tão relevante na minha vida. E ela saiu na maneira paradoxal, que é talvez o meu fraco mais condenável. Retorqui-lhe:

– *Devo isso aos senhores.*

Os senhores eram Borges de Medeiros, Protásio Alves, Paim Filho.

– *Como?...*

– *Os senhores* [illegible] *claro que indiretamente, no socialismo. Socialismo de e*[illegible]*ta. Progredi: fui até o socialismo propriamente dito:* [illegible]*arxista.*

Bem, voltand[illegible]lítica de que o velho Borges me incumbira.

Era levar uma [illegible] dos seus mais importantes prepostos políticos n[illegible] país: o senador Vespúcio de Abreu.

Fui encontrá-lo no Senado, então sediado na Rua do Areal. Fazendo-me anunciar, ele determinou ao contínuo que me levasse à sua presença. Isso correspondia a me fazer tomar parte como espectador duma célebre reunião da comissão de finanças. Se não me engano, pra poderem tomar assento nesse comitê, era imprescindível a condição de líder pra todos os seus integrantes.

Discutia-se a crise do café, que era queimado aos montes, à beira da via férrea, como vi com meus próprios olhos. Estava discursando o senador por São Paulo, minto: pela lavoura cafeeira de São Paulo, sr. Alfredo Ellis. Nunca ouvi trabalho

controle de qualidade 14

mais completo sobre o café do que o que fez esse homem sereno, sentado à sua cadeira em torno duma mesa oblonga, sem pretensões a orador, a deitar o verbo do alto da sua tribuna. Aprendi muitas coisas sobre a rubiácea. O resto, no que diz respeito às várias formas do preparo da bebida, iria aprender ao vivo na cadeia.

Toda a sua expressiva dissertação visava a um fim: obter dinheiro do governo federal – que era o remédio pra uma doença, cuja gravidade estava reclamando, e utilizando, o termo – cautério – o fogo vivo.

O espetáculo que se seguiu à oração do representante paulista foi característico: do norte ao sul, desde o açúcar do Nordeste, ao charque do Rio Grande, clamava-se por um auxílio em dinheiro. Não um dinheiro indeterminado: mas o dinheiro saído das arcas do tesouro nacional.

Mas quem o poderia alcançar, como se alcança uma esmola, aos necessitados? O chefe do governo. E, se, podendo-o fazer não o fizesse, que lhe aconteceria? A desgraça política.

Estava-se ainda sorvendo o ar duma memorável luta eleitoral, em que se digladiavam duas facções, as quais tiveram o poder de bipolarizar toda a vida política da nação.

Começou pela reivindicação contra um direito, que, apesar de consuetudinário, acabou por gerar manifestações de protesto, mostras de inconfidência. O direito consistia em reconhecer aos grandes estados de Minas e São Paulo a alternância da posse do poder federal. Os demais estados, tidos como estados pequenos, formavam o coro dessa comédia – ou quem sabe dessa tragédia, que, ao contrário da tragédia grega outra atuação não demandava senão um simples amém balbuciado.

Grandes estados, pequenos estados, nada mais é do que um eufemismo. O vocábulo preciso é grandes feudos, pequenos feudos. Nem os pequenos (e muito menos os grandes) se achavam vinculados a um poder superior. Essa alçada última conquistava-se pela aliança entre os grandes feudos. E o poderio que daí resultava revestia-se do caráter dum reinado absolutista. – Compreende-se que os feudos meramente "auxiliares" praticavam na sua esfera o mesmo regime de poder arbitrário e discricionário, o que, tudo combinado e ajustado, vinha a constituir uma forma ideal de vassalagem.

Os campos entretanto não se definiam, com o rigorismo que a sociologia exige para bem os qualificar. Isso era devido ao caráter anárquico da sua economia. O investigador se defrontaria com uma verdadeira colcha de retalhos, o latifúndio entestando com o minifúndio e tudo empregando para absorvê-lo; o retalhista na cidade porfiando por se tornar o ás do comércio por maior, e ambos igualados no recurso ao contrabando e à moeda falsa; o capitão de indústria e o artesão; o operário e doutor, um e outro vivendo parasitariamente das necessidades do homem rico, quer se chamasse fazendeiro, estancieiro, doutor também, ou bispo. – O crime, mesmo na sua forma paroxística – o homicídio – vendo-se mobilizado para a "estabilidade" social...

Uma coisa trazia porém o equilíbrio. E a unidade, em panorama tão disparatado: o dinheiro. O dinheiro começava por engendrar o amor pelo dinheiro; chegar a ser rico, eis a meta dos sonhadores; aumentar a riqueza, a afanosa tarefa, cotidianamente empreendida pelos que já se achavam enriquecidos. A cobiça entrava no processo, dando-lhe animação, decepções, esperanças.

Claro que um álveo estava-se formando nessa caudal incaracterística: breve surgiu a velha divisão entre ricos e pobres. Como numa estranha eletrólise, cada polo começou a carrear pra seu campo todos os elementos congêneres. Mas, como aliás na decomposição eletrolítica da água, houve desigualdade também aí no peso, não digo no volume, depositado em cada eletródio. Verificou-se que a riqueza sobrepujava.

Eis formada a "classe", tão ardentemente desejada pelo filósofo que busca ansiosamente entender o homem vivendo em sociedade. E eis a classe com todos os seus atributos, sem faltar, lógico, os seus antagonismos. Destes, surgiram as lutas políticas, muitas das quais culminaram em combates sangrentos.

Mas e os pobres? Constituíam também a sua classe, com todas as contradições obrigatórias a qualquer classe? Sem dúvida. Mas não possuindo, ao contrário do que ocorria com a classe dominante, uma nítida consciência de classe. O que no fundo se traduzia por uma ausência quase completa de consciência da própria força.

Há na natureza um fenômeno curioso denominado mimetismo. Consiste em certos animais adquirirem a cor, principalmente a cor de troncos de árvores, por exemplo, onde vivem. Cito o caso mais vulgar. É evidente que se faz uma troca química de substâncias. E com uma finalidade: de proteção do bicho (o mais das vezes um inseto) contra o inimigo, que não o enxerga, confundido como se acha com a casca do caule onde se acoitou.

No fato sociológico que procuro focalizar, é o que se dá com a grande classe dos pobres. A força de invejar a classe dos ricos,"revestiu-se" idealisticamente das suas qualidades. Como o inseto participando da cor do vegetal a que ele se gruda, o pobre diligenciou por ser igual ao rico, imitando-o até a contrafação. Não seria nada, se não comungasse com seus interesses, as suas paixões, as suas amizades e as suas inimizades.

É essa uma contingência do feudalismo, que ampliou desmesuradamente o conceito clássico da *gens* romana.

Mas a que vem aqui o feudalismo, quando a sociedade não exibe nenhuma qualidade típica? Senhor feudal é expressão demasiadamente forte pra definir um homem, no entanto dominador, cujos interesses se acham ligados tanto à terra como ao comércio urbano e à casa bancária. Ele nunca é visto à frente da sua mesnada ou capitaneando a sua gente. É o que abstratamente representa o capital que lhe serve de supedâneo, qué dá força social a essa imagem, a um tempo fugidia e todo-poderosa.

Uma camada social, difícil de ser dissimulada no seio do todo, é a constituída por letrados, técnico-científicos, artistas. Mais próxima dos ricos pela origem e pela instrução, é a que mais intimamente encampa as suas reivindicações, a ponto de ser mobilizada como vanguarda ativa em todas as refregas, recebendo como compensação dos serviços prestados a uma classe que não é a sua, cargos, empregos, honrarias.

Dessa maneira, como na Roma patrícia, aqui só a riqueza governa. Pois que ela anulou, por aglutinação, as demais categorias econômicas. Vida política, coisa fatal em qualquer sociedade, só se alimenta das contradições internas que tal congregação humana pode oferecer. Todo um longo período da nossa história caracterizou-se por uma sucessão de lutas de grupos, operadas no seio amorfo duma nacionalidade a que faltava enquadramento e configuração.

Só o poderio econômico-financeiro não basta para levar um agrupamento, tenha ele as dimensões que tiver, ao poder. Como uma coluna de ar que sai dos pulmões e necessita de um aparelho que a articule para se transformar no milagre da palavra humana, o desfrute de tamanho cabedal impunha um instrumento político para guindá-lo à liderança da nação. O Rico-Homem, descido à condição de simples Homem-Rico, nessa Idade-Média bastarda duma História incipiente, contava com a Violência. E em todo o seu poliformismo: violência física, violência econômica, violência moral, violência jurídica, violência eleitoral.

Por lapsos inteiros de tempo, a violência eleitoral, constituída em resumo maciçamente sintético, das demais formas usuais da Violência, essa violência supostamente legal, assegurava o advento incruento ao trono do corifeu do momento. A sua trousse era tal qual a sacola de Malasarte: continha de tudo. Fraude nas eleições, fraude na apuração dos votos, fraude no reconhecimento dos "eleitos". A escalada ao poder era o caminho da corrupção. E o mais doloroso é que ninguém se furtava a isso, tanto se haviam invertido os padrões da ética.

Pois bem: eslógans, anúncios, cartazes, linguagem coloquial, linguagem comercial, linguagem oficial, linguagem amorosa refletem, como criação eminentemente espontânea, o teor de violência que anima a nossa época. Mesmo a predileção da massa pelo esporte traduz tais sentimentos. Sem falar nas guerras que desabam sôbre os homens com a persistência, e a segurança de que não acabarão tão cedo, duma chuva contínua.

A violência e a loucura, — loucura que, no final das contas, não deixa de constituir uma violência à natureza, pois nada mais é do que uma reação anômala, muitas vêzes acompanhada de violência pròpriamente, ao princípio da adaptabilidade à realidade, característico da saúde mental.

Para inculcar um produto industrial, o comércio, se deve recorrer aos modernos meios de comunicação pela imagem — à televisão por exemplo — arma uma briga ou encena um fuzilamento militar. Se deve escolher um símbolo que individualize o seu produto, opta por um animal da jangal. A môça, enamorada do rapaz, elogia-o chamando-lhe bárbaro, com tôdas as mostras, ela, dum gôzo além de quàlquer limitação. Os governos aconselham o setor empresarial a mostrar-se mais agressivo, quando apenas querem sugerir que, ou aumente a sua produção ou a distribua em área mais ampla e em maior quantidade. Um têrmo de rebelião, tabu pois, execrado pela polícia, está sendo usado neste momento — no momanto em que escrevo — e com volúpia por uma secretaria de estado, a secretaria da saúde do Riogrande do Sul, para caracterizar a sua iniciativa de fiscalização sanitária: Operação quebra-quebra.

O govêrno central, com a sua decretação da pena de morte, xxx) execrada aliás pela consciência nacional, veio servir "ideològicamente" aos que ainda hesitassem em seguí-lo no caminho da violência. E ressuscitava o pensamento sádico da ditadura getuliana. A morte violenta, assumindo todos os caracteríticos da sentença capital, foi colocada em ordem do

xxx Citar as palavras do M. das Com (Pág. 14)

VI

A violência

O totalitarismo populista, que teve como última expressão no seu tempo o nazi-fascismo, recorreu à violência para tentar vencer a Democracia, representada por todos os setores de esquerda, sob a hegemonia do comunismo. O monopólio, que se adjudicou, da mentira e da calúnia, serviu-lhe como instrumento e complementação. Dum certo modo, a calúnia e a mentira traduziam a violência na esfera espiritual, completando, com a sevícia moral, a sevícia material e física, tão da natureza dos fascistas de todo o gênero. A violência totalitária trazia no seu âmago a crueldade, aberração que buscava o menor pretexto para saciar-se.

Pretexto? Sim, quando lhe faltava a motivação. Daí esses excessos. Quem diz excesso está confessando que o fato ultrapassou seus limites legítimos. – E foi o que se deu com eles. O papel reservado ao homem nos movimentos intrínsecos das sociedades não pode ser eludido. Pra começar, a sociedade é um conjunto de homens, embora essa soma, ao se constituir, adquira caracteres próprios,"individuais", vamos chamar assim, tornando-se, como todo, diverso em certo sentido das partes que o constituem, consubstanciando um "indivíduo" doutro nível. Quem possui familiaridade, mínima embora, com a ciência, ou quem já armazenou uma dose de experiência empírica e de bom senso, logo vê o que ocorreu: foi a passagem dialética do fenômeno quantitativo para o qualitativo.

Mas, dentro do novo "indivíduo"(a sociedade) como num palimpsesto, vemos o homem. E vemos suas qualidades, tanto positivas como negativas. Estas mesmo, é claro, vão se refletir no Ser mais elevado a que, como matriz elementar, o homem deu origem. Foi o que o estudo antigo das sociedades reconheceu. Pena é que tenha apenas visto o homem, o que o levou a dar muita ênfase a um Sólon, a um Licurgo, a um Rômulo, a um Napoleão. Desde porém que esses indivíduos (quer dizer: seres simples) assumem um senso mais amplo, indo além da mera pessoalidade, tornam-se fatores de ordem geral. *Napoleão é uma grande realidade social já o reconheceram.* É. Como Lenin e Stalin também o são.

Se se me permite usar dum recurso o seu tanto prosopopêutico, eu diria que o indivíduo e a sociedade se buscam, um pelos seus característicos, a outra pelas suas necessidades. Aqueles sujeitos para quem a paz e a liberdade representam na vida a atmosfera de eleição, correm a formar um organismo social que as assegure. São os socialistas – que querem a igualdade, a universalidade, o comunismo em suma.

Estes sabem o que querem e por que querem. São serenos, modestos e fortes. Tudo isso, porque são seguros.

A ninguém ocorria atribuir-lhes tamanha força. Que força poderia ter um José do Patrocínio, numa sociedade nobiliárquica, tanto mais cheia de preconceitos, quanto mais falsa? Essa era a situação do Brasil imperial no último quarto do século dezenove. O que não impediu que esse "preto" liderasse um movimento exitoso, forçando os "brancos" à maior conquista dos seus companheiros pretos do Brasil.

Atribuir força "doutrinária" a um simples gaúcho, quiçá apenas alfabetizado, como o eram esses maravilhosos campeadores do pampa? Perdoem-me os biógrafos: não conheço a ficha individual de Artigas. Mas sua divisa, de pensamento e ação, sei-a muito bem: *con libertad, no ofendo ni temo.*

A psicologia médica – e é esse o meu setor – diagnosticaria: trata-se de uma personalidade segura. Segura pra viver, pra lutar. Mesmo pra morrer. Uma pessoa segura não vai além do que necessita, quer no plano material como espiritual. Porque não precisa de uma compensação. Digo mais: no plano erótico também. Eros é a vida. Quem não se realizou nesse aspecto, pode ter tudo o mais; e não tem nada. Tem o poder, a consideração dos outros, a riqueza. Mas que é isso, quando é a própria natureza que o está negando? porque, ou não é homem ou não é mulher. A Arte, a Literatura, a Ciência, mesmo a Indústria e o Comércio, como tantas outras formas da sublimação, abrem-se, quais estradas, que esse frustrado pode percorrer. Sim, ele marcha e chega. Mas não chega aonde queria chegar, e que era um lugar de plena realização – de completação – onde não encontraria conflitos – esses conflitos que tentam todos os meios de solução e nunca jamais os encontram. Nunca não: só o encontram na morte, que todos esses desgraçados arranjam para si, no maior e mais dramático poliformismo – como o acidente de automóvel (que substitui o suicídio), a guerra que desencadeiam e que perdem, a ideologia sádica que só os de sua constituição aceitam e que, pela sua monstruosidade, sua substância contranatura, teratológica, eles "se apressam" inconsciente e paradoxalmente a reconhecer como fundamentalmente ilegítima.

Mussolini começa trucidando gente na África; assaltando – ele, que sediava ao lado do Santo Padre – assaltando, num bote de besta feroz, a Albânia, no dia em que um país católico menos esperava a agressão – sexta-feira santa; Hitler, matando com as armas convencionais, bala e punhal; com as armas então "modernas" – as bombas de não sei que tonelagem, que desabaram sobre Conventry, uma cidade-refúgio; as "dietas", não de cura mas de morte, que, à sua ordem, traçaram médicos ultrajados pelo seu regime de escravização; as câmaras de gás; os "hospitais" de Treblinca, e tantos outros processos de morticínio; Hitler acabou destruído, por obra – e obra material – da sua própria fúria. Mas fúria é sinônimo de inferioridade. Esse "todo-poderoso" nada mais era do que um miserável, frustrado ao máximo, que se "vingava" dos aparentemente fracos, arranjando, com os Thissen e os demais Thissens da Reação, o aparelhamento mortífero que os liquidaria, corporalmente.

A vitória de maio de 1945 não acabou, não, com essa mentalidade. A violência está ainda na ordem do dia.

De minimis non curat praetor. Mas, pra começar, eu não sou pretor. E depois, não sei distinguir entre as coisas grandes e as pequenas. Acho-as todas dignas de atenção, registro e estudo. De resto, os leitores dos meus livros de ficção bem que viram o apreço que me merece o quotidiano. Circunstância que não exclui o interesse pelos fatos de ordem geral – o que também se pode ver facilmente na minha modesta obra.

Penso que ainda estamos nesse "período" de estratificação do pensamento humano, que, no meu entender, se inicia com Darwin, segue-se com Marx, prolonga-se com Freud. Todos estes, segundo a minha opinião, valorizaram o pequeno. Em vez de ser, dum anjo, que houvéramos descendido, foi dum macaco. Darwin, precavidamente, não estabeleceu isso: deixou a "conclusão" pra quem o acompanhasse na apreciação do seu trabalho de pesquisa, e da mais alta filosofia, até o fim. Como um professor de aritmética elementar, formulou a equação "dois mais dois" e esperou que o estudante primário resolvesse. Toda a classe explodiu: "Quatro! " – E é quatro mesmo, ainda agora.

Quem deu valor ao povo, confundido então na multidão, na plebe, na populaça, no povoléu, na turba – coisas desprezíveis – foi Marx, criando a "imagem" da massa – massa humana. Nas minhas investigações sobre a antiguidade clássica, com um fim de sincretismo, procurando identificar passado e presente, topei com o plétos. Mas, salvo melhor juízo, a "massa" de Aristóteles não tem a estrutura, a constituição, o sentido dinâmico da massa na concepção marxista.

Veio por fim Freud, senão desbancando o Ego – o eu consciente – demonstrando porém quanto ele devia ao Id – o inconsciente, pobre ser relegado ao furgão, jamais visitado, da nossa personalidade.

Não seria dialético excluir ou o importante ou o quotidiano e trivial. Ambos condicionam todos, mas todos os acontecimentos ontogenéticos e filogenéticos, porque esses fenômenos contraem entre si relações de parentesco íntimo. O que encontramos na vida das sociedades não é novo para nenhuma pessoa que esteja de posse de senso filosófico, seja embora o mais pequeno. As mesmas leis primárias da conservação própria regem o nascimento, conservação e crescimento do indivíduo como do grupo social. Qualquer manifestação na atividade individual tem a sua réplica, quando não a sua contrapartida no modo de funcionamento da coletividade. De tal maneira que a nomenclatura fenomenológica foi-se fazendo comum a ambas. E, quando não se fundem de todo, se alternam. Fatores "econômicos" parecem, na sua qualificação, privativo do todo, como fatos "biológicos" traduzem fenômenos individuais. Mas não é assim: são uma e a mesma coisa. Tanto, que se compreende bem o caso social quando se alude às leis "biológicas" que a eles presidem; como não falta clareza, mesmo às vezes expressividade, ao conceito de economia, que se consideraria antes específicos dos fenômenos sociais, ao aplicar-se às coisas da inteligência. Não vamos longe – ou antes, vamos longe, sim. No velho ano de 1932, eu abria a minha tese inaugural com estas palavras:

> *Quase três anos, que decorreram desigualmente, com alternativas de entusiasmo e de desalento, foram consumidos no presente trabalho, e constituíram um período suficiente para me afeiçoar ao meu assunto, fazê-lo entrar na economia diária do meu pensamento.*

Não escandalize o fato de eu estar me citando. Estas memórias constituem algo de muito pessoal, mesmo de muito íntimo, tão íntimo e pessoal, como a vida, a doença, a morte.

Quem é que diz que, com a censura prévia, eu poderei vê-las em letra de forma? Até quando o brasileiro se achará sob o arbítrio dum grupo medíocre e poderoso, que o flagela em nome duma contracivilização?

Ninguém pois se escandalize com isto que eu fiz acima, mesmo porque é nada, em matéria de vaidade e exibicionismo, com o que eu vou dizer agora.

Já se sabe que era uma tese de medicina; e que ocorria isso há bem quarenta anos. O fato se processava num ambiente de médicos, restringido, como é natural, aos problemas da profissão. Daí possivelmente, o comentário dum dos meus professores – o mesmo que fora meu médico; meu companheiro das lutas políticas doutros tempos; que me sugerira muito depois umas "recordações", à feição das *Minhas prisões*, do escritor italiano; e que integrava a banca examinadora do meu trabalho. Gabou-me ele a "propriedade" da expressão "economia diária do meu pensamento". A palavra economia, para designar um esforço puramente mental, já estava agradando a dois: a mim, que a ideara, e a ele.

Pois bem: slogans, anúncios, cartazes, linguagem coloquial, linguagem comercial, linguagem oficial, linguagem amorosa refletem, como criação eminentemente espontânea, o teor de violência que anima a nossa época. Mesmo a predileção da massa pelo esporte traduz tais sentimentos. Sem falar nas guerras que desabam sobre os homens com a persistência, e a segurança de que não acabarão tão cedo, duma chuva contínua.

A violência e a loucura – loucura que, no final das contas, não deixa de constituir uma violência à natureza, pois nada mais é do que uma reação anômala, muitas vezes acompanhada da violência propriamente, ao princípio da adaptabilidade à realidade, característico da saúde mental.

Para inculcar um produto industrial, o comércio, se deve recorrer aos modernos meios de comunicação pela imagem – à televisão por exemplo – o comércio arma uma briga ou encena um fuzilamento militar. Se necessita valorizar a qualidade duma peça de vestuário, não tem dificuldade, recorre ao superlativo: calças envenenadíssimas. Se deve escolher um símbolo que individualize o seu produto, opta por um animal da jângal: o leão, o tigre, a pantera. A moça, enamorada do rapaz, elogia-o chamando-lhe bárbaro, com todas as mostras, ela, dum gozo além de qualquer limitação. Um homem se regozija da sua vitória num pleito. Foi um acordo amigável violento. O logista põe em sua vitrina (tomando-a de alto a baixo) uma silhueta de canhão em posição de fogo, para anunciar o próximo fechamento da casa – seu fim. Os governos aconselham o setor empresarial a mostrar-se mais agressivo, quando apenas querem sugerir que, ou aumente a sua produção ou a distribua em área mais ampla e em maior quantidade. Um termo de rebelião, tabu pois, execrado pela polícia, está sendo usado nesse momento – no momento em que escrevo – e com volúpia por uma secretaria de estado, a Secretaria da Saúde do Rio Grande do Sul, para caracterizar a sua iniciativa de fiscalização sanitária: Operação quebra-quebra.

O Ministro das Comunicações indispôs-se uma vez com algumas redes nacionais de televisão. Eram três. Chamou-as monstros e fez ameaças, dizendo mesmo: *Se temos, no entanto, de criar três monstros é melhor matá-los antes que surjam.* O que o ministro talvez pudesse fazer contra as faltosas (pois decerto elas cometeram alguma falta, na opinião ministerial) seria a cassação da concessão, com todo o direito que lhe dá a sua condição de poder concedente. Mas o pensamento que lhe ocorre e que ele sádica e voluptuosamente verbaliza é *matar*!

Matar é agora uma palavra de ordem.

O governo central, com a sua decretação da pena de morte, tida em abominação aliás pela consciência nacional, veio servir "ideologicamente" aos que ainda hesitassem em segui-lo no caminho da violência. E ressuscitava o pensamento sádico da ditadura getuliana. A morte violenta, assumindo todos os característicos da sentença capital, foi colocada em ordem do dia. E com uma inovação em matéria penal: condenação não partida dum magistrado nem sujeita à observância da menor regra jurídica. Ficava ao alvedrio dum delegado de polícia, que fuzilava em plena rua e que, diante do aplauso "geral", bem que via estar consultando os desejos e interesses do supremo poder. Aliás a autoridade – verdugo já vinha dum longo tirocínio: essa aberração inqualificável – o batalhão da morte, instrumento monstruoso do segredo de estado, na forma mais criminosa que a clandestinidade oficial possa assumir, réplica brasileira dos campos de massacre do Hitler, o infra-humano.

A violência, deste período da nossa história, teve seu ponto de partida na deposição, pela força, dos poderes públicos legalmente eleitos. O que quer dizer que representou um ato de força dirigido à maioria da Nação, presente no resultado das urnas. E, por um processo bem conhecido dos velhacos, o do "dize antes que te digam", a subversão armada imputou a um governo legítimo propósitos subversivos. Era a inversão clamorosa da verdade, a violência cínica e triunfante. Todo o mundo sabe do poder que se adjudica num país como o nosso qualquer camarilha governante e ousada! Dentro de pouco tempo a violência estava aceita por todos os escalões da administração. Com mais um passo entrava na moda. Achando-se-lhe barrada qualquer forma de reivindicação, e o futebol não saturando toda a sua capacidade inata de luta, a Nação, anestesiada traumaticamente, fez da violência oficial um figurino, por onde pudesse talhar vestes trazendo aquele traço característico, mas de tal forma degradado, que mal se poderia ver nelas uma réplica. Assim, facilmente passaria à censura e vigilância da polícia. Mais: de certa maneira legitimaria a violência governamental. Quando a casa de comércio monta um "aparelho" de guerra "pra matar" – alegoria não tão tola como a gente seria levado a supor – o comerciante está se identificando com os propósitos mais caros e intrínsecos da ditadura policial-militar.

A violência porém não fica aí. Com a degradação dos seus "amigos", a chantagem da ameaça do castigo e do medo, o governo ditatorial vibra um golpe total: nos adversários, que encarcera, tortura, mata; nos correligionários e auxiliares que avilta com a perda da própria personalidade.

Muitos desses homens que nos governavam, sem que lhes houvessemos outorgado tamanha responsabilidade (como já acentuamos) grande parte deles vinham duma carnagem: a revolução de 23, situada pouco mais duma década. A base timocrática do caudilhismo, (a que serviam) lhes faltava. Tanto, que vinham ocupar cargos públicos — sabidammente mal remunerados entre nós. Os empregos da polícia, incluindo o de delegado, não fugiam à regra.

O governo do Rio Grande ressumava sangue derramado. Quando numa prisão bélica, ouvi a confissão dum dos oficiais ligados à operação que deveriam levar à execução em plena praça da Matriz, defronte dp Teatro Estadual, a poucos paços do palácio, e que, por sinal, já fora antecipadamente transmitida urbe et orbi: ao menor pretexto, abrir fogo. Ele começou por encarecer o perigo em que nos encontráramos, talvez sem o saber. A decisão, tornada pública pela autoridade, nos parecesse simples intimidação. Não: as instruções recebidas pela tropa eram das mais rigorosas. Como o volante que vem sob o regime de alta velocidade, que comporta a estrada, e entra numa rua de cidade sem a precaução de a reduzir aos limites impostos pela circulação urbana, assim os combatentes da véspera abrem caminho através o complexo da administração civilista, utilizando a estratégia, a tática e o modus operandi das batalhas em que se acharam. Um deles, no assento onde assistia ao ato, instava a um fascista, que possivelmente como "observador" do seu partido, a que interrompesse com apartes provocativos os oradores. "— Diga não apoiado! Vamos!"

A vizinhança o delegado dava ao "observador" completa cobertura. Mas o pobre rapaz nõs o atendeu. Na mente desse singular mantenedor da ordem já deviam estar desfilando as cenas, tão do seu gosto, e que, ali, naquela hora, com o "inimigo" que ele sabia desarmado, assumiriam as proporções de simples e macabra imolação...

VII

Un épisode sous la terreur

Ninguém se assuste: nem houve sangue de qualquer procedência nem portanto cabeças decepadas a encher o cesto macabro. Podia eu até qualificar o episódio dando-lhe um complemento do gosto de Balzac, drolático por exemplo, com o qual já estabeleceria uma distinção fundamental entre a minha narrativa e o conto famoso.

Lá na Europa fora inverno, à noite: *Le 22 janvier 1793, vers huit heures du soir.* Aqui não era janeiro de 1793, mas julho de 1935, inverno também e mais ou menos numa hora que bem poderia ter tido seu início às oito da noite como lá. A apreensão – quem sabe mesmo se o medo que pode inspirar o genocídio – a expectação ansiosa era obra dum aparato policial que prenunciava o massacre. De resto o massacre havia sido anunciado na tarde desse dia pela imprensa do governo: *A polícia tem ordem de abrir fogo ao menor grito sedicioso dos comunistas.* Os comunistas éramos nós, os da Aliança Nacional Libertadora, que iríamos instalar solene e pacificamente os nossos trabalhos partidários, num teatro, aberto ao público, na capital do Estado.

O temor pode ser simples obra do silêncio, como naquela noite em Paris: *La crainte assez naturelle qu'inspirait le silence.* Mas ele aumentava com a atmosfera dramática que se respirava então: *...s'augmentait de toute la terreur qui faisait alors gémir la France.*

Aqui, o ar achava-se cheio de ameaças. A resolução de instalar publicamente a ANL naquele 5 de julho não se estabeleceu com facilidade. O perigo que daí advinha, marcando com um traço de tragédia um labor político que se deveria processar em toda a paz, aconselhava pelo menos um adiamento.

Em toda a paz. O socialismo, sendo a verdade em política, beneficia-se com a paz. Quem a perturba, para retardar o advento dessa conquista social, é a reação. Turbando a tranquilidade nacional, só com isso ela lavra um tento. O fato toma uma relevância toda especial quando se sabe – e a reação o sabia bem – que a Aliança constituía no Brasil a contrapartida das Frentes Populares que se estavam criando na Europa, amalgamando em seu seio todas as forças democráticas e progressistas, que a coletividade ansiava por ver à testa do governo e da administração. Ameaçar com tiro e morte afugentava, não apenas os comodistas, como até os corajosos mas prudentes. E com a vantagem de já estigmatizar o movimento como algo brutal, agressivo, criminoso. – A ditadura, essa forma de governo que já hoje parece ser um produto natural e obrigatório da política brasileira, lançando essa mística, sabia por antecipação quanto resultado tiraria com ela diante de massas timoratas, ingênuas, nada politizadas.

A data escolhida para a instalação definitiva da Aliança Nacional Libertadora já era por si só um trabalho político. 5 de julho marcava o início de uma fase de luta pela democracia. O primeiro Cinco de Julho talvez não pudesse exibir uma ampla ideologia. Nem o segundo. A essa altura, nem seria preciso. O ato – num e noutro impregnado do maior heroísmo – valia por todo um programa. Na reunião prévia, destinada ao lançamento dessa coalizão que devia reunir os elementos mais avançados do nosso meio, eu me defrontei com os temores dos companheiros. Eram justos, do ponto de vista individual, mas negativos em matéria política, de luta portanto aventou-se a ideia de adiar a cerimônia, diante dos riscos a que nos expúnhamos. Mas adiar não era conjurar. Um dia teríamos de enfrentar o perigo. Ou desistir da nossa tarefa. Na ocasião, em que nos encontrávamos sob a ameaça maior do fascismo, seria debandar, levando na nossa ultrajada bagagem as esperanças de todo um povo.

Mas vamos aos fatos que já são do conhecimento público e para cujo traslado me valho do noticiário da imprensa.

Do *Correio do Povo* desta capital, do dia 6 de julho de 1935, constam os seguintes detalhes:

> *Foi instalada oficialmente neste estado a Aliança Nacional Libertadora. A cerimônia realizou-se ontem à noite, no Theatro São Pedro, com grande solenidade e presidida pelo Dr. Dyonelio Machado. – Comemorada a data de 5 de julho. – Discursaram os senhores Lúcio Soares Neto, João Antônio Mesplé, José Júlio Parise Iglésias, Marciano Belchior Filho, Rafael Saraga, Aparício Cora de Almeida e a sra. Maura de Sena Pereira. – Às vinte horas estavam já completamente tomadas todas as dependências do teatro. – A mesa se achava coberta com a Bandeira Nacional. – Por último discursou o Dr. Aparício Cora de Almeida, a cada momento interrompido pelos aplausos dos presentes. Após, o presidente, Dr. Dyonelio Machado encerrou a sessão, pedindo à assistência que deixasse o Theatro São Pedro na maior ordem, pois a finalidade daquela reunião não poderia ser outra senão de forma a refletir o ambiente ordeiro em que se processavam os trabalhos de instalação da Aliança Nacional Libertadora.*

Pertence à mesma notícia, que resumi acima, dada pelo *Correio do Povo* mais esta informação:

> ***O policiamento*** *– A fim de evitar possíveis distúrbios e consequente alteração da ordem, durante a sessão promovida ontem pela Aliança Nacional Libertadora, o Dr. Poty Medeiros, chefe de polícia, tomou diversas providências e medidas acauteladoras da ordem pública. Assim, destacou forte contingente da Guarda Civil para fazer o policiamento do local, requisitou um piquete de cavalaria da Brigada Militar, comparecendo ao local da reunião,*

a fim de dirigir pessoalmente a ação da polícia, no caso de se fazer necessária a sua intervenção. Felizmente, isso não foi preciso, pois o comício aliancista de ontem decorreu dentro da maior ordem, não se registrando o menor incidente . – Acompanharam o Dr. Poty Medeiros os delegados de polícia Argimiro Cidade, Plínio Milano, Josino Brasil, Carlos Machado, Amantino Fagundes, Capitão Armando Ferreira e o comandante da Guarda Civil, Tenente Walfrido Gomes.

Um comentário, *en passant:* com o nosso espetáculo desguarnecemos a cidade – pelo menos quanto aos chefes de seções. Pois não creio que ainda houvesse sobrado, nos serviços ordinários e nos plantões de rigor, delegado algum pra remédio...

Ainda no mesmo matutino, poucos dias depois, encontro um eco do acontecimento:

Comunicado da secretaria da Aliança Nacional Libertadora – Uma Carta do Dr. Dyonelio Machado – Firmada pelo Dr. Dyonelio Machado, presidente do Diretório Estadual Provisório da Aliança Nacional Libertadora, recebemos ontem a seguinte carta, cuja publicação nos foi solicitada:

"Porto Alegre, 8 de julho de 1935. Exmo. Sr. Dr. Alexandre Alcaraz, m.d. diretor do Correio do Povo *– Capital. – Em declarações feitas à imprensa desta capital, o Dr. chefe de polícia atribui a boa ordem reinante no comício de 5 de julho da Aliança Nacional Libertadora às medidas "enérgicas" (medidas de exceção, dizemos nós), por s.s. adotadas. E justifica essas medidas pelo aparecimento de um boletim (que a população não leu e que só a polícia viu) concitando o povo a transformar as comemorações a 5 de julho numa jornada sangrenta, boletim cuja origem a polícia deve conhecer muito melhor do que nós.*

A verdade é que todo aquele inútil aparato bélico e as ameaças aparecidas nos jornais oficiais do governo, só eram de molde a intranquilizar a população, nunca a aquietá-la.

A boa ordem do comício de 5 de julho deve-se à Aliança Nacional Libertadora, que mostrou os seus elevados propósitos, desde o apelo público que fez aos seus companheiros, pedindo que comparecessem desarmados à sessão. Com efeito, apesar da revista operada pela polícia, nenhuma arma foi encontrada, numa assistência que orçou por duas mil pessoas aproximadamente.

É esta a verdade, que convinham restabelecer sobre o comício de instalação solene da Aliança Nacional Libertadora no Estado.

Há nas suas declarações à imprensa um outro ponto a frisar: a ordem baixada pela chefia de polícia proibindo comícios em praça pública, e com isso impossibilitando, a despeito das suas asserções, a realização do "meeting" da Aliança em Passo Fundo, por exemplo.

É esse um direito que não assiste à polícia, desde que a Constituição Federal garante o direito de reunião em praça pública, podendo apenas a polícia localizar o comício, de modo porém a que não o prejudique ou frustre.

Não fosse o adiantado da hora em que recebemos a comunicação dessa violência policial, e teríamos impetrado o remédio jurídico cabível no caso, e que inutilizaria as ordens inconstitucionais emanadas da chefia de polícia.

Solicitando a fineza da publicação desta, subscrevo-me – Dyonelio Machado, presidente do Diretório Estadual Provisório da Aliança Nacional Libertadora."

Duas semanas depois desses fatos, eu ia pagar caro a veleidade de querer ter direitos de opinião. Ter opinião – ora se não! – era coisa privativa dos mandões do momento. Propositalmente não digo dos governantes – porque eles governavam sem gozarem do direito que os habilitaria para tanto. Traziam para as funções de governo u'a mentalidade primária, apesar de, e isso é o mais chocante, haverem entrado em contato com as formas mais delicadas, portanto as mais limpas, da civilização. Eram doutores, ou pouco menos. Haviam cursado ensinos superiores, contraído portanto relações com os mestres das respectivas especialidades, ao vivo e através das obras. Quando era de supor que tudo isso eles revertessem em favor do aperfeiçoamento social dos seus concidadãos, que é que faziam? Iam buscar no acervo da história da sua gente aquilo justamente que fizera, não a glória dela, mas a mancha indelével que para sempre maculou as tradições heroicas da pátria rio-grandense: o assassínio, de que a degola é o símbolo imperecível, porque, na sua crueldade, resume todas as formas de matar o semelhante.

Lutar por ideias, que absurdo! Lutar supõe competição, um adversário pela frente, parecido em muitas coisas menos no que toca ao pensamento de cada qual. A república, uma forma de governo colegiado, lutou contra a monarquia, forma individual de governo. Muito diferentes, pois; mas não tanto. Uma e outra se baseavam em princípios. Em última análise a luta se restringia a uma luta de ideias. Isso, inclusive, proporcionou esse fato: um monarquista confesso como Ruy Barbosa integrou o primeiro governo republicano. Pra não falar no maior chanceler que já teve a república do Brasil e que nunca abjurou das suas predileções pela monarquia no Brasil: Rio Branco.

Muitos desses homens que nos governavam, sem que lhes houvéssemos, aliás, outorgado tamanha responsabilidade (como já acentuamos) grande parte deles, dizia, vinha duma carnagem: a revolução de 1923, situada no tempo, há pouco mais duma década. A base timocrática do caudilhismo (a que serviam) a eles lhes faltava – certo. Tanto, que vinham ocupar cargos públicos – sabidamente mal remunerados entre nós. Os empregos da polícia, incluindo o de delegado, não fugiam à regra.

O governo do Rio Grande ressumava sangue derramado. Quando numa prisão militar ouvi a confissão dum dos oficiais ligados à operação bélica que deveriam levar à execução em plena praça da Matriz, defronte do Teatro Estadual, a poucos passos do palácio, e que, por sinal, já fora antecipada: ao menor pretexto abrir fogo. Ele começou por encarecer o perigo em que nos encontráramos, talvez sem o saber. A decisão, tornada pública pela autoridade, quem sabe nos parecesse simples intimidação. Mas não: as instruções recebidas pela tropa eram das mais rigorosas. Como o volante que vem de fora sob o regime de alta velocidade, porque a estrada comporta, e entra numa rua de cidade sem a precaução de a reduzir aos limites impostos pela circulação urbana, assim os combatentes da véspera abrem caminho através do complexo da administração civilista, utilizando a estratégia, a tática e o *modus operandi* das batalhas em que se acharam. Um deles, no assento donde assistia ao ato, instava a um fascista que comparecera possivelmente como "observador" do seu partido, a que interrompesse com apartes provocativos os oradores.

– *Diga não apoiado! Vamos!* A vizinhança do delegado dava ao "observador" completa cobertura física. Mas o pobre rapaz não o atendeu. – Na mente desse singular mantenedor da ordem já deviam estar desfilando as cenas, tão do seu gosto, e que, ali, naquela hora, com o "inimigo" que ele sabia desarmado, assumiriam as proporções de simples e macabra imolação...

Não é difícil compreender uma época, embora distante, quando ela permanece atual. Ainda vivemos no mesmo ambiente social e político de então. De 1935 a 1971, ano em que escrevo, nada mudou; a não ser talvez pra pior. A pena de morte, como teremos ocasião de ver com alguma minúcia nas páginas que lhe serão destinadas, a pena de morte está em pleno vigor, por isso que aplicada, menos a execução, aos "criminosos" políticos. Em 1935 não se havia chegado a tanto. Porque o "crime" a punir era menor? Não. Pra início de conversa, não havia crime. Eu me recordo da réplica do meu explicador de francês, quando, estando de visita a mim na prisão, adverti-lhe que eu caíra na sanção aplicada ao crime político.

– *Delit d'opinion – corrigiu ele.*

Os franceses, sabendo como ninguém dar nome aos bois, acentuavam a grande diferença que existe entre atos inspirados por pensamentos elevados, porque altruístas, e os que o criminoso propriamente pratica impelido por móveis egoísticos, muitas vezes covardes.

Possuo a minha familiaridade com a História. Em particular a crônica política é uma tecedura de violências. O que não deve causar grande surpresa quando se leva em conta que nada acirra mais os antagonismos do que o choque das ideias, quando dizem com a vida dos homens em sociedade. Violento é o ataque, violenta a defesa, violenta a repressão, violento mesmo o castigo. Todavia, tudo isso se processa dentro dum clima que lhe é próprio. Nada é mais cruel do que a guerra e entretanto ela adquiriu através da História seus foros de legitimidade. O que choca é a arbitrariedade, uma espécie de violência espúria, nascida da mentira, personificada em "bandidos privados" erigidos por si mesmo em "bandidos públicos". O carrasco pode metodicamente fazer cair a machada sobre o pescoço da vítima ou dar-lhe no pescoço o laço fatal, porque ele assim age com delegação duma autoridade. Mas teria de se esconder após haver vibrado o golpe com o olho desse mesmo machado sobre a apófise mastoide do jovem político que confiadamente dormia. Era uma execução capital, essa, mas sub-reptícia, tanto que se processou na escuridão da noite, sem testemunhas. E visava tão somente atender a interesses inconfessáveis, tipicamente pessoais. A sentença de morte não fora proferida por um juiz, mas por um particular dispondo no momento da força governamental. Tanto que ele, no episódio, não merece outra designação "funcional" senão a de mandante; e o seu ato não se reveste da dignidade duma pena, mas de todos os característicos de um crime. – E crime hediondo, como foi o que roubou tragicamente a vida a Waldemar Ripoll. E que iria ter sua réplica no fuzilamento da rua Toneleros.

VIII

A experiência parlamentar

Começou com uma experiência pré-parlamentar. E das mais amargas do ponto de vista ideológico.

Eu sempre tive sobre a pequena burguesia intelectual uma opinião bem assentada. Para mim, ela sempre viveu fora da sua classe, achando-se sempre a serviço das classes que a apertavam, qual estranho sanduíche: ora mobilizada pela burguesia, ora pelo proletariado.

Quero cingir-me a uma idade (no seu sentido de aetas – período histórico) a uma idade, nem tão dilatada, que possa dificultar seu apanhamento em conjunto, nem tão curta, que não ofereça uma visão sofrivelmente panorâmica.

Vamos pois considerar esse lapso de tempo (e de "tempo" político) que começa com a Revolução Francesa – a primeira Grande Revolução.

Em suma: para quem foi feita? Ou: que classe com ela se beneficiou? Se a expressão é um tanto chocante sob o ponto de vista sociológico, pergunto então: que classe surgiu daquela imensa fornalha? – a Burguesia, que a Renascença já estivera preparando.

Vem agora a contrapartida: e quem a fez? Quem, dia a dia, naqueles "anos que valiam séculos", pôs, como combustível a alimentar o fogaréu, tudo que lhe era mais precioso: a inteligência, a combatividade, o entusiasmo, o sonho, as amizades, a convicção, o repouso, por fim a própria vida? – A pequena burguesia intelectual, tão bem representada pelo médico Marat, pelos advogados Robespierre e Danton, pelo poeta, que ainda teve suficiente fantasia para compor o que para mim é o poema da Revolução, – o seu calendário? – Fabre d'Eglantine. – E como não se derruba um regime sem o incentivo da canção, lá apareceu o *chansonier* Ronget de Lisle com a *Marselhesa*. Resumi nesses poucos uma turma enorme de ativistas. E não me referi aos pequeno-burgueses intelectuais que municiaram doutrinariamente a formidável convulsão, como Montesquieu, Voltaire, Diderot e Grim, Rousseau – o Jean-Jacques dos Sans-Culottes. Isso para me ater aos nomes que todo o mundo conhece.

Nenhum desses se locupletou com os proveitos que advieram do açambarcamento dos "assinados" e com o seu corolário: a aquisição dos bens nacionais. Muitos mesmo, já contaminados do "sentido" que a nova classe possuía como característico, isto é: o ganho, muitos desses heroicos batalhadores, em contraposição com o Incorruptível Robespierre, se deixaram corromper e se aviltar perante a História. Perante o povo, cuja confiança eles haviam fraudado, não lhes bastou o ultraje: pagaram com a própria cabeça.

Unamos os pés, aligeiremos o corpo, lancemos os braços para a frente à maneira de asas, e demos um pulo de quase século e meio. Onde vamos encontrar de novo a terra firme? – Em plena Segunda Grande Revolução – a Revolução Bolchevista.

E aí toparemos com algo já sobejamente conhecido: uma classe, antiga sim, classe revolucionária desde seu nascimento, mas só então consciente do seu destino. E que, valentemente, estava decidida a ir à luta, mas que necessitava de "órgãos" específicos para tanto. Estes estavam ali, na forma de advogados, ex-seminaristas, panfletários, e tinham nomes: Lenin, Stalin, Trotsky. E, possuindo como *background* essas duas figuras tutelares: os filósofos Marx e Engels. – A classe revolucionária, que surgia para empolgar, de justo direito, o comando da sociedade, era o Proletariado.

Não há dúvida que há cinquenta anos era legítimo que semelhante situação vigorasse. Mas, com o ascenso do Proletariado do ponto de vista social e a sua politização, a classe se achava então em condições de dispensar uma ajuda supérflua: tanto mais que, pela primeira vez na História, se inaugurava uma sociedade sem classes. A Burguesia, surgida da Revolução Francesa, não visava acabar com diferenças no seio da coletividade: vinha substituir a nobreza, adjudicando-se muitos dos seus privilégios. E na Restauração se juntaram: *A cette singulière époque, le commerce et la finance avaient plus que jamais la folle manie de s'allier aux grands seigneurs.* A Revolução extinguira a servidão da gleba; a Burguesia criou a servidão do capital, acorrentando o homem ao salário; e tão bem dosado este, de modo a que somente servisse para a restauração da força de trabalho, – monstruoso instrumento da exploração do homem pelo outro homem, fonte desumana da mais-valia.

É, a meu ver, o traço fundamental que tanto distingue os dois grandes movimentos insurrecionais dos nossos tempos. O dualismo mítico – Trabalho e Capital – com que a classe dominante faz tanta demagogia e tanta retórica, teve seu fim, desaparecendo como díptico "fatal", mas para sempre ultrapassado, com o novo rumo que o poder marxista corajosamente implantou.

A pequena burguesia intelectual criara a sua tradição de combatividade e valentia. Mesmo de desinteresse, contrariamente à opinião generalizada de que o que intrinsecamente a move é a ambição. A história política do Brasil o atesta em episódios memoráveis. Mas, com a simples reflexão pessoal, no decurso dum período, o seu tanto breve, mas intenso, de luta, logo cheguei à conclusão de que ela nunca luta a seu favor. Ela luta por ideias. Ela se alimenta de sonhos, tanto melhor se forem realizados. O que, do ponto de vista que eu chamaria sociocaracteriológico (se me permitem a monstruosidade híbrida) denuncia logo uma fraqueza de opinião, por maiores que sejam os rasgos de bravura que o combatente ponha no lance. Não há uma unidade de bloco nestes três elementos fundamentais: objetivo – luta – batalhador. O burguês que luta pelo ganho cria um ideal-material, objeto binário, onde não se notará um plano de clivagem – o que vale dizer que o resultado visado tem a forca e inteireza duma coisa elementar. O mesmo ocorre com o proletário. Essa implicação em fatos simples e definidos dá madureza, pertinácia e legitimidade à ação.

Ninguém duvida da sinceridade de propósitos do latifundiário quando adere ao imperialismo-inimigo do seu povo, diante da iminência duma revolução agrária. Quem é que vai esperar que ele esteja com o seu povo, se lhe cumpre obrigação maior, embora censurável, que é estar com as suas terras? Entretanto, quanta desconfiança acompanha o trabalho político dum pequeno-burguês, quer ele sirva o capitalismo, quer o socialismo!

A pequena burguesia nunca luta a seu favor, disse eu mais acima. Luta, mas não luta por uma reivindicação de classe. E isso porque seria muito difícil caracterizar qual a reivindicação específica da classe pequeno-burguesa. Na maioria dos seus componentes, o ideal econômico-base da estruturação duma classe – é passar para a classe que lhe é superior: a burguesia. Se não o consegue, fica vegetando numa área limitada, sem maior significação social.

Claro que diligencia por se evadir desse círculo, tão estreito e confinado como uma prisão. E vêmo-la então lançar-se no sonho. Tudo que se faz no domínio da ciência, da política e da arte especulativa é obra dela. – A obra da sublimação dialética da sua debilidade – mais propriamente: da sua incapacidade como classe.

Essas considerações simples e breves se faziam necessárias para se compreender a decepção política – e decepção amarga – que se fez presente ao início da minha experiência parlamentar. E – diga-se de passagem – experiência parlamentar tornada pequena, mais por obra do regime de arbítrio ditatorial em que vivia já o Brasil, do que por fatores outros.

Não só naquele momento, mas em nenhum momento, seria de subestimar a tribuna parlamentar como instrumento de atividade revolucionária. Para um verdadeiro comunista, os elementos com que se forja a Revolução se apresentam com a forma que lhe modelam a época e o lugar. Obedecem à fatalidade (fatalidade no sentido dialético) de tempo e espaço. É um constante ajuste com os materiais que devam, num último ato, como uma caudal, desaguar na insurreição. Dessa maneira, a conquista de cadeiras nas assembleias representativas – Senado, Câmara dos Deputados, Assembleias Legislativas dos Estados, Câmaras de Vereadores – tornava-se um imperativo partidário. – E o Partido Comunista lançou-se a essa tarefa política com seriedade.

Mas Partido Comunista é sinônimo de Partido Operário. Pode compor-se duma pequeno-burguesia que haja passado pela operação de proletarização do pensamento. Aliás, eu o sabia à saciedade, pois fora o que até então ocorrera entre nós. Mas, àquela altura, diante dos esforços dispendidos para trazer o Partido ao seu leito próprio, supus que o objetivo sublimado houvera sido atingido em parte. Qual não foi minha surpresa quando, fazendo tábua rasa da ordem indicada na folha de votação, que trazia como cabeça de chapa o nome do operário que merecera a alta confiança de ocupar o cargo de secretário do Partido no Rio Grande do Sul, qual não foi minha decepcionante surpresa quando vi eleitos para as vagas que nos haviam tocado, três doutores. E para primeiro suplente mais um doutor.

Coube-me a mim levar a comunicação da Justiça Eleitoral à direção regional do Partido. Subi as escadas do velho sobrado onde tínhamos nossa sede, acabrunhado, não com a perspectiva da responsabilidade futura que me cumpria como deputado, mas com aquela negação dialética da massa, não ter depositado uma confiança política natural, obrigatória mesmo, num elemento da sua classe. Ou então essa massa não era proletária – o que equivalia a reconhecer que o Partido, pelo menos aqui, não possuía sua força intrínseca. O que era desolador, porque havia entre eles muitos de grande mérito, o maior dos quais (e que constituía um galardão) o de terem merecido o sufrágio dos seus patrícios.

A nossa pequena representação na Assembleia Legislativa já vinha sem a sua força básica. No que é que se apoiava? Nos postulados que o Partido implicitamente iria procurar impor por meio dos seus representantes? Era com o que, sem dúvida, uma parte dos eleitores contava. Outra parte é bem possível que confiasse antes nas qualidades oratórias, meramente "intelectuais" de indivíduos que, dum modo ou doutro, já haviam conquistado certa reputação nesse particular. Essa parte – tão ponderável, num eleitorado flutuante, sem grandes convicções doutrinárias como é o nosso – essa parte representava todos os sem partido, os que votam na base da simpatia ou confiança pessoais. Num momento crucial para o Socialismo, com a ameaça policial sempre presente, um fato desses, ao mesmo tempo que nos desqualificava, fortalecia a Reação, que passava a ostentar apenas um falso medo do adversário, a ser erigido em medo oportuno, providencial pretexto, quando das tropelias, das violências, das mistificações. – E o desenvolvimento dos sucessos, o processo irreversível que presidiu os acontecimentos provaram-no, e, com exuberância capaz de levar a convicção mesmo aos mais cépticos.

Posto o problema assim, os deputados comunistas transformavam-se em auxiliares do inimigo, orientando-o em muitos sentidos, abrindo-lhe perspectivas que acabavam por adormecer a massa em muitas das suas reivindicações. Fomos úteis àqueles mesmos que nos haveriam de, por fim, nos jogar no ostracismo e na ilegalidade.

Havíamos começado por dar-lhe o instrumento adequado para esse fim: a Constituinte. Cansamos de incutir na massa a falsa verdade segundo a qual a Constituinte representava o povo no poder. Como se contássemos com u'a maioria eleitoral que assegurasse ao povo uma Constituição fundamentalmente democrática. Uma vez nas Câmaras ficamos nas nossas bancadas pelo tempo que a Reação achou proveitoso. Que proveito ela poderia tirar? O primeiro era ter à frente um adversário potencialmente perigoso que, no instante devido, pudesse, cataliticamente, operar o milagre da unidade nas hostes dela, fundindo todos os elementos que, por força das suas contradições internas, haviam dado margem à luta dos grupos. Isso vimos patentemente na última sessão a que comparecemos, quando cinquenta e dois deputados, divididos em setores que se digladiavam, uniam-se num bloco maciço contra os três representantes comunistas. E como estes continuassem na tribuna a profligar tamanha violência contra o sufrágio popular, e não se reconhecessem fisicamente enxotados, a mesa deu o sinal de abandono do recinto, no que foi, como os clássicos carneiros de Panúrgio, seguida, cabisbaixa e ingloriamente, pelas demais representações na Assembleia – isso, a despeito das "diferenças" que as separavam.

O eleitor, que em nós votou, é porque nos queria nessa casa de representantes. E, se daí saímos, foi por uma arbitrariedade de quem no momento detinha a força. De nossa parte, tudo empenhávamos para permanecer num posto que não era de ninguém mais do que do povo que elege. E fique-lhe uma compensação: quem "saiu" naquele dia memorável do plenário da Assembleia, finda uma sessão, ilícita pela matéria espúria que ela votava, foi o resto da Assembleia, não nós, que permanecemos ali, falando ao povo das galerias.

Note-se, de toda a vasta derrubada que atingiu a representação comunista em todo o Brasil, fomos nós, por obra duma luta tenaz e sem trégua, os últimos a ser cassados.

Não foi fácil conseguir esse falaz consolo, se, numa tão grande tropelia à lei substantiva, à Carta Constitucional do país, cabe um remédio tão pueril como a consolação. Não foi fácil, não, retardar o instante em que se consumaria o crime de lesa-democracia. Parecia até que nos achávamos animados do espírito que reina num parlamento dos moldes clássicos, em que seus membros tudo esgotam, em matéria de manobras, no mundo das contestações, atmosfera privativa dessas casas políticas, em que se apela para a flexibilidade dos regimentos, fazendo-se prodígios de hermenêutica, valendo-se dos casos obscuros ou omissos, das contradições, das dilações. Nada se poupou, dentro da ética, nem mesmo o risco da própria segurança pessoal, quiçá mesmo da vida... Pois houve contra um de nós essa ameaça, tão familiar ao gaúcho: alguém que "se coçou", levando a mão ao revólver.

Era de manhã, numa reunião de comissão. À tarde, às primeiras horas, deveríamos voltar para a sessão "pra valer". O problema da nossa integridade física foi levantado: deveríamos nos armar? Fui de opinião contrária. Se a tanto iriam chegar, que fuzilassem homens desarmados, que portanto não poderiam mais tarde ser acusados de iniciar o tiroteio. – Não seria, em matéria de direito, violência muito maior do que aquela que já se achava potencialmente decretada, faltando-lhe tão somente a execução: a extinção de mandatos, que tinham duração estabelecida por força dum artigo da Constituição. E que não iriam acabar naquele dia, já se vê.

Ah! Ainda houve o caso do quadro de "formatura". E do respectivo retrato.

Não sei como chamar a coisa. O fato é que, algum tempo depois de expulso, fui procurado pela Assembleia, que me pedia um retrato meu, para figurar num quadro comemorativo dos deputados constituintes. Uma Constituição, para reger governos que, habitualmente no Brasil, e portanto também no Rio Grande, não se regem senão pelo arbítrio, era coisa mesmo de comemorar. Salvo se não rodeassem o acontecimento circunstâncias que invalidavam, já na base, toda a significação do evento. E era, a meu ver, o que havia ocorrido.

Eu já figurara num quadro desses. Mas era um quadro de "formatura" de estudantes da Faculdade de Medicina; de moços pois. De gente adulta eu via muito nas vitrinas das casas de comércio do centro, quadros assim, ostentando rostos de senhoras que haviam terminado seu curso de Corte e Confecção. Simpáticos, claro. Mas, com caras de deputados, para celebrar fosse o que fosse da sua especialidade, eu jamais vira.

Achei graça. E não dei o meu. Aleguei que, por motivo de licenciamento para tratamento de saúde, eu não assinara a Constituição, sim meu suplente, cujo nome declinei. De modo que perdia, por esse fato, a condição de constituinte. Entretanto, como se me obtemperou, eu tomara parte na feitura da carta constitucional do Estado, tendo mesmo sido o relator dum de seus títulos – saúde pública – que, por sinal, não recebera emenda alguma. Ponderei então que, não me havendo a Assembleia querido em pessoa, não se compreendia que ela me quisesse em efígie. Para isso, procurassem então nas páginas de jornais e revistas a minha cara – que aí certamente achariam – a recortassem e dela fizessem o uso que lhes aprouvesse.

O tal quadro mobilizou mesmo o Partido, que, por um oportunismo que já o vinha minando, julgou vantajoso do ponto de vista político uma coisa que tão somente atendia ao que há de mais pueril na vaidade pequeno-burguesa; e que, com toda a certeza, iria causar revolta aos camaradas. Eu, com a minha atitude, estava convencido de consultar o verdadeiro pensar da massa que nos ajudara a levar à Assembleia (e, no colo! como ocorreu), que acompanhara lá nosso árduo trabalho, que assistira à violência jurídica e política da nossa expulsão. – Não atendi ao pedido partidário.

O Partido voltou à carga: fazia imperar o seu direito de dar uma ordem e exigir de ser obedecido.

Ninguém ignora o que representa a obediência numa organização revolucionária. Mas, para alguém ser obedecido tem, primeiro, de gozar do direito de mandar. O Partido manda em toda a massa que o constitui. É postulado, não só pacífico, como altamente produtivo. Acontece porém que, sem nenhuma razão confessada, desde que saí da Assembleia fiquei sem organismo, o que quer dizer: de fora, pois só é comunista quem pertence ao Partido Comunista, e só se pertence ao Partido Comunista através dum organismo. Fiquei de fora a despeito dos meus reiterados pedidos. Queria continuar agindo politicamente como até então. Agir politicamente é agir organicamente. E não entendia por que motivo me encontrava, agora, fora da organização. Não querendo (pois para isso não me prestava), não querendo aviltar politicamente um partido sério, tomando parte numa palhaçada de roça, retruquei que, para todos os efeitos, inclusive da obediência partidária, a primeira condição era pertencer ao Partido; e isso só se dava por meio dum organismo; só pelo instrumento dum organismo se recebiam ordens; e que eu não tinha organismo; o que equivalia a não estar apto a receber nem obedecer ordens.

– Então o Partido lhe dará um organismo! e exigirá obediência.

– Não!

Para trabalhar, cansava de pedir organismo e não mo deram. Agora, para executar uma ordem, que era um erro, iriam me dar um.

– Isso é chantagem – concluí. – Vocês podem dizer à direção.

Bom, o quadro foi confeccionado. Confeccionado na previsão do número de deputados que a Assembleia tinha como constituintes. Com um buraco para a cabeça de cada um, trazendo o respectivo nome. Claro que não me importei com o destino de semelhante coisa. – Até o momento em que, indo na rua, um velho companheiro, pertencente à massa operária, que sempre se achava onde havia luta, parou à minha frente para me dar um abraço. E explicou-lhe o sentido: com a minha atitude de negativa, eu fizera exatamente o que os camaradas esperavam. – Ele vira o tal quadro, com um buraco vazio no lugar que me haviam destinado.

Pode haver nisso um certo sectarismo, não duvido. Pode mesmo ser o caso da direção partidária estar com a razão, quando, como me foi ponderado, considerara a feitura daquele quadro solene e a sua dependuração numa parede bem exposta, atos de alcance político. Pena foi portanto que, não me atribuindo um assento, e como sempre sucedera, num dos seus organismos, o Partido não pudera me dar, no momento oportuno, a ajuda de que a minha incompreensão tanto precisara e que ele até então jamais me recusara...

Bem, mas tudo isso que representa?

Um trabalho político – que era esse o seu caráter na ocasião – agora, na sua evocação tardia, assume um aspecto pessoal, negativo no seu individualismo. Não se sente o esforço coletivo – que é o característico da História. Não se vê a marcha incessante dos fatos, que constitui a circulação nas rotas dos acontecimentos. Mal se pressente a luta, pelo vago que acompanha as imagens que dela restam nestas memórias. Quando muito, flagrantes da Biografia. Curiosos, como tudo que diz respeito ao homem; e por isso, interessantes; quem sabe até senão românticos.

Só hoje sinto falta, em tudo que fiz pelo meu ideal político, dum elemento que certamente não estava em mim, pela simples e imperiosa razão de não possuir eu a matriz original, em que cada coisa se forma. Onde estava então? Nos companheiros de bancada? Impossível reunir melhor. Antônio Pinheiro Machado Neto, Júlio Teixeira, no forte da refrega; Jóver Telles, corajoso representante dos mineiros; Otto Alcides Ohlweiler, servido por sólida cultura científica – em cada um deles podia eu ocasionalmente me amparar, de todos eles em conjunto podia receber a seiva com que nutrir a minha combatividade. Apesar de seu líder, e mais velho que eles, sempre me considerei um subalterno perante tais companheiros.

1 Memórias

~~IX~~ VIII (Contças) (9)

Bom, mas tudo isso que representa? Um trabalho político — que era êsse o seu caráter na ocasião — agora, na sua evocação, rondim, assume um aspeto pessoal, negativo no seu individualismo. Não se sente o esfôrço coletivo — que é o característico da História. Não se vê ~~uma~~ a marcha incessante dos fatos, que constitui a circulação nas rotas dos acontecimentos. ~~históricos~~. Mal se pressente a ~~Revolução~~ luta, pelo vago que acompanha as imagens que dela restam nestas memórias. Quando muito, flagrantes da Biografia, Curiosos, como tudo que diz respeito ao homem; e por isso, interessantes; ~~quiçá~~ quem sabe até senão românticos.

Só hoje sinto falta, (em tudo que fiz pelo meu ideal político,) dum elemento que certamente não estava em mim, pela simples e imperiosa razão de não possuir eu a matriz original, ~~onde~~ em que ~~tôdas as~~ cada coisa~~s~~ se forma. Onde estava então? Nos companheiros de bancada? Impossível reunir melhor. Antônio Pinheiro ha-

Júlio Teixeira e Pinheiro Machado Neto dotaram a bancada dum vigor, que tirava suas origens da sinceridade, coragem e capacidade intelectual desses queridos camaradas. Eles traziam um tão grande sentido de objetividade, que davam autenticidade ao nosso esforço e novo aspecto aos fatos em apreciação. Impossível resistir-lhes pela dialética; contra isso, só a força, em toda a sua brutalidade primária. Lutamos juntos, lutamos até o fim. Quando um tiro – e era a violência, que mostrava a orelha – quando uma bala ameaçara Júlio Teixeira, Pinheirinho e eu nos achávamos em cada um dos seus flancos, para – como os "segundos" numa luta livre – dar-lhe toda a assistência – mas toda – que ele necessitasse.

O mal, que gerou nossa inoperância, não se achava em nós, já vejo: era um mal da coletividade. De resto, é fácil concluir assim, pelo vazio em que nós caímos quando a reação nos expulsou dos nossos postos de combate, tão legítima e bravamente conquistados.

A massa parece não ter tido sensibilidade política para ver que, nas nossas humildes pessoas, ela, realmente, é que estava sendo ferida.

E profundamente ferida, como se viu.

Memórias

IX – Mais Lamúrias

O que não nos estranha: trata-se dum pobre homem e de suas memórias.

Não se chora em qualquer parte. Trago da infância uma recordação imperecível: quando rompia num chôro, ou numa simples manha chorada, recebia logo a ordem: — Vai chorar lá no quintal. — E ia.

O quintal era o último pátio, aquêle espaço de terreno que ficava além das construções, e até certo ponto enquadrado — por uma das alas destas e pelos muros que o delimitavam dos outros quintais. Sem a menor referência, por simples instinto — pra não dizer por mera comodidade — eu punha os antebraços contra a parede dos fundos da habitação, a cabeça descansando na cama que aquêles assim lhe armavam, e me punha a chorar. Estava reconstituído o Muro das Lamentações. Faltando apenas uma coisa: o público, formado por outros chorões. O que quer dizer que faltava tudo, — pois, pelo menos comigo, não havendo «para quem chorar», meu chôro cessava. — Não

IX

Mais lamúrias

O que não estranha: trata-se dum pobre homem e de suas memórias.

Não se chora em qualquer parte. Trago da infância uma recordação imperecível: quando rompia num choro, ou numa simples manha chorada, recebia logo a ordem: – Vai chorar lá no quintal. – E ia.

O quintal era o último pátio, aquele espaço de terreno que ficava além das construções, e até certo ponto enquadrado por uma das alas destas e pelos muros que o delimitavam dos outros quintais. Sem a menor referência, por simples instinto – pra não dizer por mera comodidade – eu punha os antebraços contra parede dos fundos da habitação, a cabeça descansando na cama que aqueles assim lhes armavam, e me punha a chorar.

Estavam reconstituindo o Muro das Lamentações. Faltando apenas uma coisa: o público, formado por outros chorões. O que quer dizer que faltava tudo – pois, pelo menos comigo, não havendo "pra quem chorar" meu choro cessava. – Não duvido que fosse esse o principal alcance da medida, conquanto houvesse ainda, para os grandes que nos expulsavam das suas proximidades, a vantagem de não nos ouvir o berreiro.

O que é certo é que a nossa alegria é maior quando compartilhada por muitos; o riso é mais saboroso quando potencializado por outros risos; o prazer que desperta u'a música, por exemplo, só é grande mesmo quando a música está sendo ouvida naquele instante por outros ouvidos além dos nossos, e todos eles – o nosso e os alheios – irmanados num mesmo interesse. É o que deve ocorrer com o choro e o pesar.

Estas páginas são de memórias. Portanto, poupar reminiscências (atitude de rigor numa conversa, pra não enfastiar) aqui não teria cabimento. Quem abrir este livro, se um dia ele for editado, já sabe, pelo título, o que o espera. Talvez a decepção venha mais tarde, quando não encontrar nada que compensasse o esforço de o haver lido – se a tanto a pessoa se abalançou.

Mas eu recordo algo que, em matéria de vivência trivial e quotidiana, como o caso requeria, me levou a um estado de meditação diferenciada. Digo assim para conciliar o trivial com o raro, o original, o imprevisto – que, não obstante, é o natural. Sempre foi – mas muito mais tarde, lógico! – o que procurei encontrar na ficção: o traço que caracteriza o real, que lhe dá mais realidade, e que todavia só ali foi salientado, como quem diz que só então foi encontrado.

A situação não poderia ser mais corriqueira: uma visita de pêsames. Minha mãe ia fazê-la. Vestiu-se para a circunstância. Eu, menino, estava acompanhando seus movimentos. No último momento, já à saída, voltou, veio apanhar um lenço: – *Eu talvez tenha de chorar* – justificou.

E não seriam lágrimas de crocodilo: em contato com a renovação duma dor – que ela decerto já sentira e superara – ao se defrontar com pessoas pesarosas, ela se faria, sinceramente, substancialmente, pesarosa também. – Tanto pode a contaminação, seja do micróbio e da doença, seja do pesar e da lágrima...

Nesta altura da minha narrativa fico com a impressão de me haver lamentado mais do que devia. Logo, me lamentado sem motivo.

Por que tive sonhos frustrados? liberdade de locomoção tolhida? mandato de representação cassado? livros recusados pelas editoras? Por que vi aumentar em torno de mim a área de solidão? Necessita primeiro saber o efeito que semelhantes ocorrências produziram na minha pessoa.

Para começar, nada disso constituiu surpresa. Nenhum desses fatos – essa é a estranha verdade – deixaram de contar com a minha colaboração. Eu fui auxiliar da reação contra mim, desde o momento em que fui seu inimigo, portanto: desde o instante em que me coloquei contra ela. Teria me subtraído a tais vicissitudes com a simples adesão ao seu modo de sentir, pensar, agir. Muitos o fizeram, e, naturalmente, não passaram por nenhum dos dissabores que me acometeram. Resta, porém, saber se eles são felizes. Os da minha classe – a pequena burguesia – com a sua modalidade: pequena burguesia intelectual, estou quase a acreditar que não, sem com isso querer lançar um labéu infamante sobre aqueles que serviram à reação imperialista. Muitos supunham estar se imolando talvez ao dever de lutar contra o "comunismo apátrida e sem Deus". Se é certa a hipótese de que praticavam uma imolação, então é certíssimo também que pouco mais eram do que uns sofredores. Infelizes, consequentemente.

Numa situação conflituosa, como já era aquela pela qual passávamos há quarenta anos, havia pequeno lugar para o cálculo. O conflito sacudia a personalidade, tirava-a daquele esquema simples em que no que mais se pensa é ter um emprego, possuir uma casa, comprar um automóvel, fazer uma viagem ao estrangeiro. Convertidos estes desejos materiais que enumerei aos bens contidos no padrão em voga em cada uma das épocas de conflito, não haveria jamais um Tiradentes, um padre Roma. Logo, não teriam sido martirizados. Mas viveriam ainda por muitos anos, gozando dos benefícios e comodidades a que suas personalidades fariam naturalmente jus.

Em momentos desses, impossível gerir-se uma pessoa pela "moral" vigorante em tempos ordinários. E a História revela o quanto são atingidos por essas comoções sociais os homens de espírito. Neles está, primeiro a inconformidade, com mais um passo a oposição, por fim, ao chegar o fenômeno ao seu ponto de fratura, a revolução. Quando o intelectual se retrai, não quer isso dizer que ele sente o problema duma forma diferente ou antagônica. Não: seu modo de ação não condiz com o que experimenta no íntimo e mesmo com o que quer. Dissocia-se sua personalidade, sendo rejeitado aquele elemento exatamente que lhe daria personalidade. O resultado é que ele se anula; mesmo quando serve a reação. Nessas ocasiões, difícil se torna identificar aquele talento que tanto brilhava antes, e que agora se apaga nessas "obras" de encomenda, supremo aviltamento a que se submete a inteligência.

Está na biologia das sociedades – permitam-me a expressão – o imperativo, segundo o qual o homem de espírito dá expressão ao que a sociedade sente – e sente bem – mas nem sempre sabe exprimir.

A biologia das sociedades tem, como a biologia propriamente dita, as suas leis. E seus órgãos, por meio dos quais executa o "trabalho" que a natureza lhe exige. Fugir a essa verdade seria admitir o arbítrio, a improvisação e a magia – o absurdo, em suma – como fatores de desenvolvimento social. Ou então negar este último.

Tudo isto é por demais elementar para que ainda se esteja repisando. Entretanto, certas atitudes parecem negar que a História se reja por imperativos inerentes à vida social e tudo mais ou menos resulte do capricho e das fantasias do acaso. Vem daí uma política primária e bisonha, que não consulta interesses coletivos, e, habitualmente, se vê esmagada pelos próprios acontecimentos, – que não foram apreciados no devido tempo, como mandava uma presença, que somente aquela não soube sentir.

Dentro do esquema biológico da sociedade, esta dispõe dum corpo, com seus órgãos e funções. E como todo corpo que vive, tem também as suas necessidades. Para atendê-las, aí estão aparelhos especializados.

As necessidades não podem ser previsíveis a longo prazo. Porque elas aparecem como decorrência do movimento que a sociedade executa durante a marcha da História. Um tropeço determina um alto temporário, às vezes um desvio, em certas ocasiões, que nem é bom relembrar, um retrocesso. Haja vista o que representou a Idade Média no processo de desenvolvimento da civilização. Não dispusesse o grupo social de meios fisiológicos para atender a todas as suas necessidades, ele pereceria por inação, como sucede com as baleias; no nosso século, impossibilitadas de reagir à sua acromegalia-gigantismo, ou como ocorreu com toda aquela variegada fauna antediluviana.

Não se acode a uma precisão, seja embora fisiológica, como o comer por exemplo, sem um complexo trabalho mental. Mesmo nos seres inferiores. Isso que nós, depreciativamente, por subserviência ao demiurgo, denominamos instinto, é todo um esforço psíquico, em que entram as qualidades dialéticas de indução, de inferência, de dedução, sem contar com os rasgos de imaginação criadora naqueles seres que constroem ninhos, que erguem cidades, que decretam códigos e leis.

Já se está vendo o papel que aí é atribuído ao pensamento. É dessa maneira que aparece o filósofo, chame-se ele o Legislador, o Médico, o Profeta. Não admira, pois, que se haja encarecido como fundamental, e quase exclusivo, o papel desempenhado por um Sólon, entre muitíssimos outros. Eles tão somente resumiam o pensamento dos demais. Dotados, por circunstâncias que ainda escapam à nossa correta interpretação, dotados de qualidades-resumo, de homens – coletivos, recebiam, do todo, a incumbência – quão perigosa, às vezes – de ir à frente, abrindo um caminho, insensíveis aos azares.

Dessa forma, a participação do intelectual nas grandes transformações da sociedade torna-se tão obrigatória e natural, como a presença do coração no centro da circulação sanguínea. Nada se lhe pede de abusivo; nenhum favor, pelo qual deva ser recompensado. A necessidade está aí: ele é o órgão proposto ao seu atendimento.

Mil razões se podem invocar para fugir a esse dever compulsório. Mas todas elas apenas conduzem a esse melancólico quadro: anulam-se os pensadores, os artistas, os poetas, os escritores. Ainda ficam vicejando, muitas vezes na abastança, recebendo galardões, que entretanto guardam, a despeito das suas cores vivas, o bafio das coisas fanadas, como sói acontecer com as coroas funerárias. – Sua espécie se extingue, quais baleias, ricas apenas de gordura...

Posto o problema assim, tem ele, na aparência, muito do exclusivista e do arbitrário; falso e parcial, portanto. E eu não tiro a menor vantagem em estar agredindo quem quer que seja. Mas trago uma impressão tremendamente desoladora, dos meus propósitos, frustrados, de procurar arregimentar para a Revolução os espíritos que não poderiam deixar de estar com ela, e entretanto, se retraíam, se muravam por trás de sofismas, de desculpas, onde só uma coisa era autêntica: o medo.

Pode-se objetar: nem todos têm espírito político. Certo; mas todo intelectual, ao mesmo tempo que abomina a mentalidade reinante dentro dos partidos políticos, está constitucionalmente preparado para a luta pelo Ideal. De resto, é o que os caracteriza: o Ideal. Às vezes mesmo são depreciados como "Idealistas". Na planície humana onde se acham em minoria, são considerados marginais, fracassados, imprestáveis, exatamente porque tomaram o partido de Dom Quixote, em contraposição ao de Sancho Pança.

Aos que se acharem no dever de me objetar, eu apenas lembro que, em todas as épocas, a Revolução representou, sempre, a soma dos Ideais. Por isso é que ela contou em seu seio com Sócrates, Rousseau, Lenin, que tão bem representaram a nova Ordem e o Futuro. E é por isso que me surpreende que indivíduos que, iguais às abelhas, se nutrem do néctar do Ideal, deem as costas a esse Ideal; e ao néctar, que é sua dieta apropriada, prefiram a gamela gorda das comodidades burguesas. Pelo seu teor nutritivo, a gamela não alimentará nada mais do que os corpos – de indivíduos que tanto valiam pelo espírito...

Eu, que me tenho como ignorante, sei porém tudo quanto se possa dizer em contrário do que afirmo. Para começar, vai-se entrar no mérito do Ideal a que sirvo. Será ele verdadeiro? O nosso século vive sacudido por tantas teorias, que fica difícil a um pobre sujeito atinar com a única exata. É certo isso. Mas, para alcançar a Verdade, nada mais carece ao pobre diabo do que lançar-se à corrente da História. Ela o levará no bom caminho, até a meta certa.

A tremenda condensação do capital, gerando como fruto último o imperialismo, estava-se processando com aquela fatalidade matemática que a iria conduzir a um ponto de ebulição – a um ponto nodal – em que a única saída que as leis da física e da sociologia condicionavam, era a transformação. À condensação da riqueza, mero fenômeno quantitativo, respondiam as leis econômicas com o seu corolário qualitativo: a volta dos bens à sua fonte de origem. Noutros termos: o Socialismo.

A aceitação dessa verdade, mesmo por parte da alta burguesia, foi o aparecimento do fascismo, que pretendia provar ao povo que ela também concorria para a socialização do capital, socializando-se ela também. – E dessa maneira criou também seu ideal-mistificação.

Muita gente a ele aderiu. Houve um grande comércio de camisas: pretas, pardas, verdes. Não precisava coragem para servi-lo: ele estava respaldado pela polícia. Tinha como aliados os governos, o capitalismo, a religião.

— O índio Bartholomeu, creio.

O feiticeiro.

— E que diz êle?

Numa língua bárbara, êle concitava o exército a acompanhar o Chefe Supremo.

— Vá observá-lo de perto.

O bruxo pouco acrescentava. Bordava todo o seu sermão sôbre um conceito tranquilo e sedicioso: de que a pátria é a Oferta, a Oferta mansa, a Oferta do Senhor aos exilados dêste mundo...

— Amarrem êsse homem.

E o exército avançava soturnamente no rumo das cordilheiras, repartindo a sua carne entre o invasor e o verdugo — uma carne vilipendiada e pudibunda de cão.

O ENCONTRO

I

O pano com as armas da república que, à guisa de reposteiro, flutuava brandamente à entrada da barraca, abriu-se violentamente.

— Marechal! Venho convidar-vos a morrer!

Era de manhã. Êle vestia-se lentamente. Não pudera reprimir um movimento de horror.

— Que novidades há na vanguarda?...

Uma vozeria retumbava no acampamento:

— O inimigo!... O inimigo!...

Êle deu dois passos. Chegou até a porta da barraca. Olhou.

No centro da vasta depressão onde se estendia o alojamento, um grupo pardacento e amotinado seguia, no sol, algumas mulheres esfarrapadas, que avançavam, gritando e gesticulando desordenadamente.

— Onde se encontra o inimigo, coronel?

— Os imperiais marcham sôbre o Aquidaban.

— O cavalo, então!

As mulheres e o grupo que as acompanhava chegavam à porta da barraca num tumulto.

— Êles aí vêm! Estão no Passo da Taquara!

Mataram a guarda-avançada e marcham sôbre o acampamento!

O Marechal arredou-as brutalmente e desceu numa rajada.

Um soldado trouxe-lhe o cavalo. Êle montou. Fez um sinal a um jovem oficial que se aproximava precipitadamente. O soldado ouviu-lhe determinar com a voz agitada que corresse a avisar à sua mãe e que fôsse queimar o arquivo.

— E agora às armas, camaradas!

Sentiam-se os primeiros ribombos do canhão.

II

A oficialidade, imitando nisso a conduta do generalíssimo, havia-se apresentado como para uma parada, ostentando as suas insígnias militares e as condecorações de guerra, conquistadas ao longo da campanha. Como os combatentes fôssem poucos e todos de cavalo, dispuseram-se numa linha cerrada na frente do acampamento, prontos para o combate, apoiando-se no bosque.

O campo fôra instalado em plena serrilhada, numa dobra profunda do terreno. De tal modo, que o inimigo pôde despontar subitamente à sua

63

O conto "Noite no acampamento" foi republicado em 1942 pela *Revista do Globo*, em pleno Estado Novo (em três páginas. Esta é a segunda página).

Conto

Noite no acampamento

I

O exército estava reduzido a pouco mais de uma centena de homens. Ao contato da morte, tomava-se dessa serenidade infeliz e sem esperança que constitui o desespero dos fortes e dos céticos. Rumara às cordilheiras como um refúgio, no instinto de ocultar a derrota e o aniquilamento – que é o pudor extremo dos guerreiros.

A marcha silenciosa através do país deserto tinha algo daquele negro desfilar de almas nos abismos de Orco, sob a vara horrenda dum deus vingador. Eram fantasmas que a morta convocava e cujos passos seguia, cuidadosamente como uma carícia vultuosa e vulturina, amorosa e voraz.

Todos os elos tinham sido desfeitos: acotovelavam-se altos dignatários do Estado com míseros servidores da Igreja, os velhos capitães, que haviam iniciado a guerra, com os camponeses bisonhos, os recrutas, os civis e os mercenários. Conquanto ainda reconhecendo um chefe, naquele vulto sombrio que puxava e enfiada de espectros, haviam, tacitamente, rompido qualquer outra hierarquia – última concessão que o homem d'armas faz à fatalidade.

Assaltava-os também a fome, não a fome mobilizada das grandes carestias, mas a fome do deserto, irregular, imprevisível, traiçoeira, que pode durar apenas um dia ou arrastar-se por semanas e meses. E a fome erguia, à noite, das barracas, principalmente das barracas onde pernoitavam as mulheres e as crianças, um véu de choros e de queixumes, que, às vezes, o vento dos desfiladeiros, passando por sobre o acampamento, dissipava num instante, como um burlantim que escamoteasse qualquer coisa no ar.

II

A fuga durava mais de um ano. Naquela manhã, o Marechal estranhava que ainda não lhe tivessem vindo trazer notícias da vanguarda. O inimigo, todavia, estava perto. Rondava-os. Mas "– Onde? Onde? –" a tropa não sabia. O perseguidor fizera do mistério uma trincheira móvel, que ele ia deslocando sempre adiante de si, à medida que avançava.

O Marechal tinha ainda uma esperança. Nada é mais aflitivo do que uma esperança. Em conciliábulos sombrios, nos desvãos do acampamento, dizia-se que ele pretendia "alcançar a fronteira".

Ele desencadeara a guerra num sentimento vago de rancor e ousadia. Depois, diante da ação tenaz e sistemática do inimigo, mobilizara o exército e o atirara para a frente, para se atordoar. Seguira mesmo em pessoa. Tímido, provou a linha de fogo, como para se certificar da existência da luta! De uma luta que, entretanto, era obra indecisa e nebulosa da sua vontade...

A retirada só se iniciara depois de tentados todos os meios de ataque. Ao princípio, reunidas as duas dezenas de fugitivos das *lomas*, numa povoação do sopé da serra, transformada agora em centro de restauração do exército aniquilado, com os canhões e a metralha do inimigo ainda a atroarem a poucos passos de si, ele tivera uma palavra quente: – *A guerra recém vai começar!*

A hecatombe era inda da véspera. No bivaque, ao pôr do sol, essa figura dramática gesticulando contra a chapa avermelhada do céu, convocava como o profeta sanguinário de uma época apocalíptica. – Era preciso fazer a guerra! Continuar a guerra! A todo transe! A guerra!...

A guerra era a defesa do solo, cuja posse tornara-se um prodígio para aquele grupo de famintos. Sob essa bandeira a conscrição fazia-se automática – o que explica a espantosa aptidão do exército para arder até o último homem e recompor-se subitamente, nesse movimento difásico da bravura.

– A guerra! A continuação da guerra até sucumbirmos todos!

Mas a prolongação da luta seria, inevitavelmente, o esmagamento. Deviam-no saber os velhos generais, que vinham desde o começo da campanha, que durante o longo decurso desta haviam tido todas as ocasiões para medirem a enorme desproporção dos combatentes: num lado, o número, a aparelhagem, a liberdade de aprovisionamento, pela franca comunicação com suas bases militares; no outro a indigência sob todas as formas: – e o bloqueio.

Seria igualmente a opinião dos "estrangeiros", esses oficiais técnicos que abundavam tanto num como noutro campo, e que acompanhavam as fases daquela luta desesperada com a calma compenetração dos profissionais.

III

A guerra continuara, pois.

O generalíssimo das tropas – Sila em Sul América – multiplicou-se então. Ergueu um exército de improviso. De improviso levantou arsenais encravados no deserto, capazes de produzir três canhões por semana. Rodeou-se de todos os meios de combate. Por fim, montou o Terror.

Na soldadesca e na população que os seguia lavrava o delírio. *As Tábuas de Sangue* começavam a tingir-se com os nomes das vítimas...

A febre, o espírito da tragédia que dorme em toda multidão e que só as grandes convulsões metem em evidência, punha-se a falar pela boca dos tresvairados.

– Mas ele encarna a Pátria!

– Ele é o Cristo para seu Povo!

– Ele é o Justiçador!

O murmúrio da desgraça percorria o acampamento com a insistência minuciosa de uma fuzilaria abafada. Todas as barracas, todos os esquadrões, todas as classes forneciam elementos às prisões – as quais desaguavam no cadafalso com o ímpeto de uma torrente há longo tempo represada.

Não havia senão uma opinião: a de que o rigor traria a purificação e a vitória.

Numa manhã, pela alvorada, antes de começaram as execuções, no recinto entrincheirado do campo, foi visto um vulto escuro arengando à tropa. Parecia um eclesiástico. Fizera-se um meio tumulto aos seu redor:

– Quem é?

– O índio Bartholomeu, creio. O feiticeiro.

– E que diz ele?

Numa língua bárbara, ele concitava o exército a acompanhar o Chefe Supremo.

– Vá observá-lo de perto.

O bruxo pouco acrescentava. Bordava todo o seu sermão sobre um conceito tranquilo e sedicioso: de que a pátria é a Oferta, a Oferta mansa, a Oferta do Senhor aos exilados desse mundo...

– Amarrem esse homem!

E o exército avançava soturnamente no rumo das cordilheiras repartindo a sua carne entre o invasor e o verdugo – uma carne vilipendiada e pudibunda de cão.

O ENCONTRO

I

O pano com as armas da República que, à guisa de reposteiro, flutuava brandamente à entrada da barraca, abriu-se violentamente:

– Marechal! Venho convidar-vos a morrer!

Era de manhã. Ele vestia-se lentamente. Não pudera reprimir um movimento de horror.

– Que novidades há na vanguarda?...

Uma vozeria retumbava no acampamento:

– O inimigo!... O inimigo!...

Ele deu dois passos. Chegou até a porta da barraca. Olhou.

No centro da vasta depressão onde se estendia o alojamento, um grupo pardacento e amotinado seguia, no sol, algumas mulheres esfarrapadas que avançavam, gritando e gesticulando desordenadamente.

– Onde se encontra o inimigo, coronel?

– Os imperiais marcham sobre o Aquibadan.

– O cavalo, então!

As mulheres e o grupo que as acompanhava chegavam à porta da barraca num tumulto.

– Eles aí vêm! Estão no Passo da Taquara!

– Mataram a guarda-avançada e marcham sobre o acampamento.

O Marechal arredou-as brutalmente e desceu numa rajada.

Um soldado trouxe-lhe o cavalo. Ele montou. Fez um sinal a um jovem oficial que se aproximava precipitadamente. O soldado ouviu-lhe determinar com a voz agitada que corresse a avisar à sua mãe e que fosse queimar o arquivo.

– E agora, às armas, camaradas!

Sentiam-se os primeiros ribombos do canhão.

II

A oficialidade, imitando nisso a conduta do generalíssimo, havia se apresentado como para uma parada, ostentando as suas insígnias militares e as condecorações de guerra, conquistadas ao longo da campanha. Como os combatentes fossem poucos e todos de cavalo, dispuseram-se numa linha cerrada na frente do acampamento, prontos para o combate, apoiando-se no bosque.

O campo fora instalado em plena serrilhada, numa dobra profunda do terreno. De tal modo que o inimigo pôde despontar subitamente à sua frente, como um gigante galopante que se erguesse de improviso das entranhas da montanha e carregasse sobre eles os braços escancarados para os atenazar e trucidar.

O choque foi tremendo. A guarda velha caiu despedaçada. O assaltante desenrolou imediatamente a operação, para um e outro lado, abraçando finalmente todo o panorama.

Sucumbia, ao seu lado, o coronel Caminos, outros oficiais, toda a tropa. Era o aniquilamento. Conquanto conformado com o fim (esse fim que ele tanto temia e desejava, a um tempo), resolveu reagir e salvar-se! Sempre fora tão fácil! Era só retroceder, abandonar, fugir!...

Deu de rédea o corcel, que pinoteava sobre o bisel das unhas.

– O do cavalo baio! É ele! O ditador! Segurem-no!

Na sua carreta, desesperadas, no meio da fuzilaria e do massacre, as suas irmãs choravam e exclamavam.

A sua mãe gritou-lhe:

– Socorro! Socorro, meu filho!

– *Fiese, señora, de su sexo.*

E rumou o bosque, no meio do atropelo dos cavaleiros que o perseguiam bem de perto. Aqui-te-pego, aqui-te-largo, acutilando, arcabuzando, atrapalhando-se!...

O Aquidaban, por fim, lá abaixo, onde ele por vezes costumava pescar. Passou-lhe uma visão pelos olhos moribundos: o feiticeiro, que ele mandara libertar dias antes, saindo do arroio sombrio com um ar de mandinga e de mistério. "– Que fazes aí, cão?" O adivinho fugira, desaparecera. Mas fora murmurando qualquer coisa consigo mesmo: "– Apresta-te, Supremo! Soou a tua hora! Neste momento, o arroio leva teu nome, águas abaixo..." – E um pequeno retângulo de papel desaparecia, com efeito, ao fundo, num redemoinho rumoroso da corrente...

A água indiferente, a água baixa e límpida recebeu seu corpo maltratado – um corpanzil enorme, com botas de campanha, sem casaco, calças azuis com galões de ouro, sem chapéu.

Companheiros leais o rodearam:

– Marechal, dê-nos a honra de morrer em sua defesa!

Ele fez-lhes um gesto, despedindo-os sem palavras.

Nesse momento chegava o triunfador. Atravessou o arroio a pé.

– Entregue-se!

O moribundo ensaiou uma estocada com o espadim que trazia atado ao punho.

– *Muero com mi pátria!*

– Desarmem esse miserável!

A soldadesca emborcou sobre seu corpo ensanguentado. Seguiu-se uma rápida luta. Um tiro estourou. O guerreiro finou-se.

A NOITE

O general puxou da carteira. Tomou um lápis e, a mão trêmula, escreveu rapidamente quatro linhas a sua excelência, o comandante em chefe das forças, pondo-lhe ao corrente dos acontecimentos e dando-lhe os parabéns pela terminação da guerra. Arrancou a folha, entregou-a ao ajudante de ordens e este partiu.

"– A terminação da guerra! A terminação da guerra!"

Saiu do bosque, penetrou no campo, em plena luz.

A carnificina prosseguia prometedoramente.

"– A terminação da guerra! A terminação da guerra!"

Poucos restavam dos obstinados.

– O filho do ditador foi morto quando resistia, ao lado da sua mãe.

– Ciente. A família do vencido – as senhoras: a sua mãe, a mulher, as irmãs – protejam-nas.

– Serão cumpridas as ordens de V. Excia.

"– A terminação da guerra! A terminação da guerra!"

Bivaque. Mas não para si!

O vice-presidente da república – morto?! Onde?... Como?... Ah! – Está bem.

– A mãe do tirano pede a V. Excia que o copo dele seja enterrado pelas mãos dos seus.

– Como pede.

Hora da sesta. Calor.

A soldadesca queria divertir-se, aproveitar as mulheres.

– É justo.

– E beber.

– Pois sim.

"– Terminada a guerra! Morto o tirano! Um pensamento para o Imperador. Oh! O Imperador..."

– General! Os soldados estão se excedendo. Bêbados, estão imolando as mulheres, depois de cenas revoltantes de deboche.

– Basta, pois!

O incêndio queimava os cadáveres, matava os feridos, lavrava no campo. Descia a tarde. Estava tudo acabado. Tudo em ordem. Tudo passado... Ele então marchou resolutamente contra o clarão, as narinas escancaradas de prazer e de vitória! O sol poente, rubro, entrava por detrás das nuvens pardacentas achatadas contra o céu, deixando ver iluminados apenas os seus bordos que flamejavam como se tivessem sido recortados com uma tesoura incandescente. – Oh, a glória! A glória do sol!

E, tendo contemplado por momento a pompa sanguinolenta do crepúsculo, desapareceu, todo em brasa, como que forjado na luz, na barraca do vencido...

Cinco dias após a morte de Dyonelio Machado, a família recebeu a notícia de uma condecoração, pelo governo francês: o escritor fora agraciado com a comenda da *Ordre des Arts et des Lettres*, entregue à viúva, Adalgiza Machado.

POSFÁCIO*

O escritor que depõe

Maria Zenilda Grawunder**

Dyonelio Machado, médico, político e escritor, foi uma figura exponencial na sociedade cultural sul-rio-grandense no século XX. Nasceu na cidade de Quaraí, cidade de fronteira do Brasil com o Uruguai, em 1895. Faleceu a 19 de junho de 1985. Cinco dias após a sua morte, a família recebeu a notícia de uma condecoração, pelo governo francês: o escritor fora agraciado com a comenda da *Ordre des Arts et des Lettres*, entregue à viúva, Adalgiza Machado.

Dyonelio marcou de muitos modos a vida gaúcha. Foi um profissional humanista e uma personalidade interessante, destacada e controvertida do meio literário e político. Viveu, circulou e atuou no núcleo das explosões políticas e culturais do século, como sujeito e objeto da história, privilégio só daqueles poucos seres humanos dotados da capacidade superior de assumir posições e de marcar, por suas palavras e por suas ações, algum momento histórico.

O conhecimento de aspectos de sua vida, rica de experiência e fatos, da sua obra e do contexto histórico que o cercava, vem interessando cada vez mais os estudio-

(*) N. E. Prefácio da primeira edição (Iel/RS, 1990). Intertítulos do editor.

(**) N. E. Doutora em Teoria da Literatura pela PUCRS, elaborou e coordenou o projeto Latino-América e memória: acervos literários e artísticos dos escritores gaúchos, pelo Instituto Estadual do Livro. Coordenou o Acervo Literário Dyonelio Machado, no Centro de Pesquisas Literárias, atualmente no Delfos, na PUCRS.

sos do fenômeno literário pela sua representatividade no contexto socioliterário de sua época. Reconhecendo essa importância, em maio de 1986 foi proposta à família Machado a "Organização do Acervo Literário Dyonelio Machado", pesquisa conjunta do Centro de Pesquisas Literárias – PUC/RS e do Instituto Estadual do Livro/RS. Essa pesquisa, pelos importantes originais, anotações e registros que detectou e catalogou, oferece uma rica fonte para futuros estudos de interesse da história da literatura, pois a obra desse autor não se circunscreve a seu tempo, mas se projeta no tempo.

Entre os textos deixados por Dyonelio, encontram-se inéditos, alguns completos, outros em fragmentos, e estas *Memórias* que, conforme ele aqui expressa, julgava obrigação de todo escritor, como testemunha de sua época.

O manuscrito

A operação e resgate do texto, escrito na década de 1970, apesar de quase todo manuscrito, não ofereceram muitos problemas: exigiram a atualização ortográfica de partes registradas antes da Reforma Ortográfica de 1971, a montagem de alguns capítulos, arquivados fora de sua ordem, a montagem do sumário e notas de rodapé e demais tarefas de organização editorial. Foi mantida a forma de pontuação e de grifos, no estilo peculiar do escritor para acentuar nuances e conotações a frases ou palavras.

O manuscrito é iniciado com dois artigos, "Imagens fugitivas" e o "Como nos velhos tempos", homenagens póstumas do autor a seus amigos Celestino Prunes e Francisco Bellanca, publicados no Caderno de Sábado do *Correio do Povo,* respectivamente em 16/10/1971 e 21/09/1974. Nesse primeiro capítulo composto de três partes, o autor rememora as lembranças mais caras de seus primeiros tempos de vida literária. A partir do segundo capítulo alterna trechos manuscritos e datilografados, numa descrição de momentos que vão desde a sua estreia na ficção, em 1927, até sua prisão e vida política, textos plenos de conceitos sobre a criação literária, sociedade, experiência parlamentar, política e filosofia. São nove capítulos, em 127 páginas predominantemente manuscritas, em que utiliza os mais variados tipos de papel rascunho, rabiscos e correções a tinta, a lápis, caneta vermelha, azul, preta. Escrevia com o que lhe estava à mão. O estilo é inconfundível: a narrativa enxuta, substantiva, permeada de marcas irônicas, de afetividade ou contundência, conforme o desfilar dos fatos.

Infelizmente, parece que Dyonelio não nos conta toda sua experiência nestas *Memórias de um pobre homem*. Pode ser que, entre materiais de seu legado, ainda não descobertos, sejam encontrados outros capítulos, que cobririam o período do advento do fascismo da década de 1930 no mundo, até a década de 1980. É possível, também, que o autor assim as tenha suspendido, para serem completadas pela mensagem metafórica de seus romances.

Com o legado de suas memórias, Dyonelio Machado enriquece os documentos histórico-literários do Rio Grande do Sul. O mundo vivido por ele foi o mundo de quase um século, daí a importância de seu depoimento de intelectual, artista e analista psicossocial.

Literatura de fronteira

O final do século, quando nasceu o escritor, além dos reflexos das ideias positivistas, da Proclamação da República, das mudanças econômicas resultantes da abolição da escravatura e ascensão industrial, no Rio Grande do Sul foi marcado pelo final da Guerra do Paraguai e da Revolução Federalista. Pelo poder oligárquico, no Estado, durante 30 meses lutaram chimangos e maragatos uma luta fratricida, ao ponto de ficar conhecida como "guerra suja". Nos arredores de Quaraí, na fronteira, havia uma singular prisão a céu aberto, cavada na própria coxilha. Ali, corre a lenda, as degolas eram frequentes, fato na época denunciado inclusive por Rui Barbosa. Era o Cati, sob o comando da figura mítica do general castilhista João Francisco Pereira de Souza, a "Hiena do Cati", encarregado de "limpar a área", de liberar maragatos.

Dyonelio cresceu ouvindo os "causos" e horrores da Guerra do Paraguai e da Revolução, relatados por ex-revolucionários ou nas rodas comuns de chimarrão durante as frias noites da campanha gaúcha.

A lembrança do Cati, mais tarde, deu ao escritor o pano de fundo para a criação de *O louco do Cati.* Foi também sua Quaraí de origem que, pelo espaço pampeano, lhe estimulou a imaginação e, através da vizinhança com o Uruguai culturalmente avançado, favorecia-lhe o acesso a publicações europeias. A situação do município, de grande produção bovina, e fronteiriço, marcou o trabalho de seu pai, em um saladeiro e também como agente aduaneiro. Da mãe sabe-se que, tendo ficado viúva muito cedo, criou os filhos com espírito forte e liberal.

Dyonelio perdeu o pai aos sete anos de idade. Teve, assim, de trabalhar cedo, para estudar e ajudar a mãe e o irmão. Na escola, foi monitor de classe e, com outros garotos, fundou jornaizinhos manuscritos e, registra a crônica, até um composto com tipos desparelhos, mas impresso. Sua imaginação e iniciativas lhe garantiam uma certa liderança, como sugerem essas anotações manuscritas, em anotações avulsas.

> *A minha pequena cidade (...) tinha o MISTÉRIO. O Lobis-homem, estão compreendendo? O Lobis-homem teria dado um cunho particular à minha vida, tornando-a singular, se os mitos não se houvessem degradado tanto nos dias em que justamente correu a minha vida. Porque, naquela portentosa geração que nós - guris dos cinco aos sete anos - integrávamos, só eu tinha visto o Lobis-homem. Não o Lobis--homem do dia e da claridade. Quem é que não enxerga todos os dias*

o seu Travassos, magro e silencioso como a imagem da morte? Mas à noite, quando metabolicamente ele se transformava naquele ser ativo como um cão sagaz, inquieto de maldade. Magro e de dentes alvos – o Lobis-homem, está visto – somente eu, de todos aqueles guris tão bem dotados, somente eu tivera a tremenda dita de o ver. E ganhei assim uma especial celebridade.

Além da celebridade ele adquiriu, talvez aí, a certeza no poder humano de criar realidades, através da imaginação, como um demiurgo. Sua pequena cidade, contudo, só lhe oferecia o curso primário e a exaltada imaginação e curiosidade intelectual exigiam mais, razão de ter optado por Porto Alegre, na adolescência.

Da infância ficaram as recordações do tempo e lugares que intimamente o movimentaram, algumas expressas em trechos destas memórias, como o sentimento de solidão dos grandes espaços, que serviam de estímulo à imaginação, povoada de figuras fantásticas, como o lobisomem.

Dos relatos campeiros e guerreiros, contos de fadas, da Carochinha e fábulas, Dyonelio passou ao conhecimento de Balzac, João do Rio, João Francisco Lisboa, Macaulay, Mantagazza, Auguste Rodin, Edmond Rostand, Eça de Queiroz, leituras feitas na juventude, antes da vinda a Porto Alegre. Na época, a circulação do livro era lenta e restrita, os autores mais destacados eram editados no exterior, por isso a imprensa era fonte de leitura mais acessível e jornalismo e literatura se confundiam. Interessado por essas formas, participou da fundação do jornal *O Martelo*, de Quaraí.

A década de 1910 a 1920 foi época de importantes acontecimentos mundiais, de revoluções políticas e culturais na Europa, mas de relativa paz e acomodação no Brasil, particularmente no Rio Grande do Sul, onde dominava o governo Borges de Medeiros.

Em Porto Alegre

Em 1912, Dyonelio já estava estudando em Porto Alegre, na escola de Afonso Emílio Meyer, à Praça da Matriz. Ali formou um grupo, com João Leopoldino Santana e Hermínio Freitas e, mais tarde, Celestino Prunes, De Souza Júnior e Alceu Wamosy. Constituíram uma república de estudantes, cujo interesse comum era a filosofia, a arte, especialmente a literatura e a música. A linha estética comum centrava-se no entendimento do Simbolismo e do Impressionismo franceses, mesclado com o interesse pelo Realismo e Naturalismo.

No fervilhar da I Guerra Mundial, que explodiu em 1914, Dyonelio voltou a sua cidade natal. Em 1915, fazia crônicas para o jornal *A Gazeta de Alegrete.* Na sua cidade foi jornalista e professor no Colégio Municipal. Ali lecionava Adalgiza Wagner Martins, pianista clássica que se tornaria sua esposa, em 1921. No amor à música e à literatura, mais tarde criaram filhos e netos e encontraram um dos pontos de apoio diante de infortúnios.

Ao término da guerra, de volta a Porto Alegre, lecionou Português para estrangeiros e, gradualmente, passou a publicar em jornais e revistas como *Kodak, A Máscara, Horizonte, Diário de Notícias, Correio do Povo.* Fez concurso na Secretaria de Obras Públicas, no governo Borges de Medeiros. Em 1921, dirigiu com Theóphilo de Barros e De Souza Júnior o jornal *A Informação*, durante um ano. Depois desse, apesar de pensarem na fundação de uma revista de política e arte, criaram em 1922 o jornal *O Farrapo*, do mesmo grupo editorial, caracterizado pelos ataques ao bernardismo, a Epitácio Pessoa, Hercílio Luz e Washington Luiz.

Nos registros pessoais da época, Dyonelio não faz referência aos movimentos, estético-literários que vinham se desenvolvendo na Europa, da vanguarda modernista, cujos princípios, trazidos ao Brasil por Graça Aranha, nesse ano irromperam com força total em São Paulo, durante a Semana de Arte Moderna. Dois meses depois de sua realização, um grupo de intelectuais e operários fundou o Partido Comunista do Brasil, cindindo o bloco anarco-sindicalista onde se agrupavam as esquerdas brasileiras.

Republicano, amigo de Borges e apaixonado também pela política, em 1923, publicou seu primeiro livro, *Política contemporânea*. Nesse ano politicamente agitado, também ingressou na Faculdade de Medicina. Os estudos, no entanto, não o impediram de continuar escrevendo: redigiu vários contos, depois publicados em jornais e revistas, a maioria reunida em seu primeiro livro de ficção. A literatura gaúcha nesse período era predominantemente regionalista e simbolista, mas os contos do autor pendiam para o realismo.

As revoluções de 1923 e 1924, a histórica marcha dos dois mil revolucionários da Coluna Prestes, entre 1924 e 1926, e finalmente a tomada do poder por Getúlio Vargas, em 1930, foram costurando, aos poucos, o destino político e literário do escritor, enquanto ele colaborava em revistas e jornais, com crônicas, artigos políticos e ensaios, muitas vezes sob pseudônimo.

Nesse espaço de produção jornalística escreveu um romance, *O estadista*, sua primeira incursão no gênero, produzido de 14 de outubro a 12 de novembro de 1926 e até hoje inédito.* Foi em 1927, ano de eleição de Getúlio Vargas a presidente do Estado, que se deu a estreia pública de Dyonelio em livro na ficção; a Globo de Porto Alegre editou o livro de contos *Um pobre homem*, gênero que ele abandonou mais tarde. Um dos contos, "Noite no acampamento", integrante do volume, veio a lhe trazer problemas com a polícia política em 1942, no tempo da II Guerra. Essa estreia, sua passagem de republicano a socialista, a prisão e os problemas que marcaram a sua vida literária, o autor detalha nestas *Memórias*.

(*) N. E. *O estadista* seria publicado no livro *O cheiro da coisa viva* (Graphia, 1995), com entrevistas e reflexões de Dyonelio, também organizado também pela professora Maria Zenilda.

No quinto ano de Medicina, fez concurso e foi nomeado para o Hospital São Pedro, onde trabalhou por 30 anos, como psiquiatra e diretor. Depois de formado, mesmo dedicado à nova e absorvente profissão, continuou a escrever e publicar contos, críticas e ensaios.

Época importante a década de 1930. Para Dyonelio marcou a ascensão de seu nome como romancista, e aconteceu o grande ato de seu drama na vida. Em 1930 foi com a família para o Rio de Janeiro, onde por dois anos fez especialização em Neurologia e Psiquiatria, para a implantação desse ramo da Medicina no Rio Grande do Sul. No Rio, o escritor acompanhava o desenrolar dos acontecimentos políticos: as eleições em que Júlio Prestes derrotou Getúlio Vargas nas urnas, seguidas do golpe revolucionário que tornou o gaúcho presidente da nação. De volta a Porto Alegre, continuou a clinicar no Hospital Psiquiátrico São Pedro e lecionou Neurologia e Psiquiatria na Santa Casa de Misericórdia, publicando, no ano seguinte, a sua tese doutoral, *Uma definição biológica do crime.*

Litertura urbana

No Rio Grande do Sul, as condições sociais da região de campanha, as mudanças na economia agropecuária, com a expulsão do homem do campo para as cidades, afetaram a literatura, dando a tônica da ficção regionalista, sepultando o "ufanismo gaúcho" e contando os dramas do "gaúcho a pé". Mas foram os influxos da cidade grande que continuaram a afetar Dyonelio Machado, um dos precursores da literatura social urbana. A fim de participar de um concurso, em vinte noites escreveu seu famoso *Os ratos*. Pelo livro recebeu, em 1935, junto com João Alphonsus, Marques Rabelo e Érico Veríssimo, também agraciados, o "Grande Prêmio de Romance Machado de Assis". As circunstâncias de recebimento do prêmio é que são insólitas: o escritor estava preso.

"Um episódio sob o terror" é como se configuram para o escritor e são registrados nestas *Memórias* os acontecimentos que o envolveram a partir de 1935, quando, sob sua presidência, se instalou no Rio Grande do Sul a Aliança Nacional Libertadora. Acusado de "delito de opinião", conforme noticiou a imprensa, no dia 18/07/1935 foi recolhido ao 3º Batalhão da Brigada Militar, situado à Praia de Belas, ficando depois detido na prisão das Bananeiras (bairro Glória, Porto Alegre). A condenação, de menos de um ano, acabou totalizando um encarceramento de perto de dois anos. Em gozo de sursis, dois anos de liberdade vigiada, estava afastado da cidade, quando estourou, em novembro, a rebelião no Nordeste e no Rio, a chamada "Intentona Comunista"; foi preso novamente. Muito depois veio a saber dos crimes que lhe valeram os dois anos de condenação como aqui relata. Meio ano depois dessa prisão, foi enviado para o Rio de Janeiro no vapor Itaimbé. Lá ficou detido no Pavilhão dos Primários da Casa de Detenção, por mais um ano e meio, de começo de agosto de 1936 a começos de junho de 1937. Foi no cárcere que aderiu ao Partido Comunista.

Em junho de 1937 foi libertado, beneficiário, como tantos outros, da "Macedada"* – do nome do então ministro da Justiça, Macedo Soares. De volta ao Sul, foi a Quaraí buscar a família, que tivera dificuldades de aceitação, devido ao tabu do esposo e pai comunista, e vivia das aulas de piano de Dona Adalgiza. Em novembro, aconteceu o golpe do Estado Novo, facilitando a implantação da ditadura de Vargas, com a dissolução de assembleias e câmaras legislativas, de partidos políticos, a criação da censura oficial e a designação de interventores para os Estados. Temendo ser preso novamente, Dyonelio fugiu para Lages.

(*) N.E. No dia 7 de junho de 1937, antes da decretação do Estado Novo, o recém-empossado ministro da Justiça José Macedo Soares ordena a libertação imediata de 300 presos detidos após a chamada Intentona Comunista, de 1935, sem acusação formalizada. Também revoga o estado de guerra, declarado por Getúlio em dezembro de 1935, tornando ilegal manter pessoas encarceradas sem justificativas, provas, processos ou julgamento.

Foi no período de intervenção de Cordeiro de Farias, no Estado, que recebeu anistia. Voltou a clinicar, foi reintegrado ao cargo no Hospital São Pedro. Aos poucos, retomou também as atividades literárias e em 1939 escreveu crítica literária para o *Correio do Povo.* Em 1941, sofrendo de uma cardiopatia, acamado, ainda sob a sombra da prisão, revivida pelo clima da II Guerra e da ditadura, o escritor criou *O louco do Cati,* ditado para a esposa e filha e depois datilografado. Uma reportagem de Justino Martins na revista do Globo de 11/10/1941 documentou a maneira curiosa como foi escrito o livro, mais tarde considerado por Guimarães Rosa como um dos dez mais importantes do Brasil, por Mario de Andrade, *como um livro que morde e marca. O louco do Cati* foi publicado pela Globo de Porto Alegre em março de 1942.

Em pleno período da II Guerra o autor participou de novo episódio com a polícia política. Justino Martins publicara, na *Revista do Globo* de 17/10/1942, o conto "Noite no acampamento", do livro *Um pobre homem.* O publicado nessa ocasião desperta a ira dos militares e o autor foi chamado para explicações e atacado através dos jornais, o que lhe trouxe mais algumas marcas e a decisão de não reeditar seu único livro de contos. Em 1944, publicou em Porto Alegre o estudo *Eletroencefalografia,* mas para sua ficção teve de procurar editora no centro do país. No mesmo ano, sem atenção da crítica, saiu o romance *Desolação.*

Em 1945 Dyonelio foi um dos líderes do Manifesto do I Congresso Nacional de Escritores, que exigia a legalidade democrática. Ainda nesse ano recebeu o prêmio Felipe D' Oliveira juntamente com Graciliano Ramos. Os militares depuseram Vargas em outubro, em novembro realizaram-se as eleições, sendo Dyonelio eleito como quarto suplente de deputado à Assembleia Nacional, pelo Partido Comunista. Em 1946, publicou *Passos perdidos* por São Paulo; este foi mais um livro ignorado pela crítica da época, principalmente gaúcha.

Em janeiro de 1947, realizaram-se as eleições estaduais. Walter Jobim foi eleito governador do Estado e Dyonelio, deputado estadual constituinte, pelo PCBN. Teve divergências com a cúpula do partido, algumas aqui narradas. Nesse mesmo ano, o partido foi posto na ilegalidade pelo presidente da República, e cassados seus deputados: Júlio Teixeira, Pinheiro Machado e Dyonelio. Encerrou, assim, sua carreira político-partidária.

Com desilusões e amarguras acumuladas, Dyonelio passou vinte anos sem publicar, mas continuou escrevendo, estudando, enquanto se dedicava à medicina, à família, aos amigos, aos seus hobbies. Segundo a crônica familiar, amava a música, debruçava-se sobre as partituras e tocava sua flauta de prata nos serões com a esposa e filhos, todos músicos. Fotografava, principalmente ruas e prédios antigos. Lia os clássicos, todos parte de sua grande biblioteca, no original. Lia contos policiais, estudava e traduzia história, direito e literatura latina e grega. Atendia seus inúmeros clientes e se dedicava ao Hospital São Pedro, onde mais tarde criou a sala de praxiterapia.

Justo reconhecimento

Maduro e afastado por um caminho de pensamento literário e filosófico de outros autores, contemporâneos seus, Dyonelio deixou de procurar editores e de publicar. O ostracismo, em parte autoimposto, fez com que ele praticamente tivesse sua figura esmaecida no meio da vertigem do movimento político e literário, mas o ajudou a cristalizar algumas ideias, que discutia com o grupo fiel de intelectuais e literatos que nunca deixaram de admirá-lo. No cenário literário nacional ele ressurgiu em 1966, com a reedição de *Os ratos* e a publicação de *Deuses econômicos*, pela Gráfica e Editora Leitura, do Rio de Janeiro, primeiro volume de uma trilogia, completada com *Sol subterrâneo* e *Prodígios*.

Depois disso, o escritor voltou ao painel literário, escrevia para o *Correio do Povo*, fazia crítica literária, aceitava conceder entrevistas aos amigos jornalistas e estudantes que o procuravam. Mesmo assim, passou mais uma década pouco lido e pouco discutido pela crítica e meios acadêmicos. Em 1976, viu assegurado seu reconhecimento. Por ocasião da segunda edição, revisada, de *Deuses econômicos*, pela Garatuja de Porto Alegre, foi prestigiado por escritores, intelectuais e imprensa. Os jornais falaram dele com títulos como "Dyonelio Machado, dez anos depois...", "Maldito escritor gaúcho, volta de novo a atacar", em inúmeros artigos, em Porto Alegre e São Paulo. Estudantes e intelectuais procuraram conhecê-lo e passaram a valorizá-lo mais, mas seu nome ainda é anátema para os detentores de maior poder na instituição literária.

Em 1977 foi publicada a *Antologia da poesia quaraiense*, organizada por J. B. Marçal, em que Dyonelio compareceu com alguns dos poucos poemas que compôs. Alguns desses poemas figuram em seus romances e há outros, deixados inéditos. Mas foi 1979 o ano de afirmação do autor no cenário da instituição literária. Recebeu o Grande Prêmio da Crítica de São Paulo, concedido pela Associação Paulista de Críticos de Arte. Além disso, Ivan Cardoso, cineasta nacional, apresentou no VII Festival Nacional de Gramado o curta-metragem *Dr. Dyonelio*; a Câmara de Vereadores de sua terra homenageou-o, considerando-o destaque como *médico, poeta e consagrado escritor.* A legitimação se efetiva com a posse, a 13/11/1979, na Academia Rio-Grandense de Letras, ocupando a cadeira 38, tendo como patrono o poeta Eduardo Guimarães. Em seu discurso de saudação, como orador oficial, disse o acadêmico Paulo de Gouvêa:

> *...e digo 'o mais jovem acadêmico', não somente porque tens recém-inscrito teu aureolado nome nos quadros desta Casa. És jovem – e isto me fascina – pela maravilhosa mocidade do teu espírito, eterno criador de coisas belas, pairando, como o Espírito, sobre as águas do*

tempo e cobrindo-os com a permanência da tua imagem e das outras imagens – aquelas criadas por teu gênio – Quando nos conhecemos, Dyonelio? (...) Em nossos fugidios encontros, tão raros, mas tão confortantes para mim, não muda a tua forma de saudação, afetuosa e cordial: – Como vais, rapaz? Pois o rapaz desses cinquenta anos de vidas paralelas e, inalterável simpatia, aqui está ao teu lado, com essas poucas folhas nas quais debruçou sua admiração e apreço, para dizer-te, em nome também desta Academia – chegaste tão tarde, rapaz, nem sabes a falta que nos fazias!

E é grande a festa pela casa toda.

(...) A Academia da qual passas a fazer parte tem desta hora em diante uma nova dimensão, pois obriga um dos grandes escritores do Brasil, que, em circunstâncias outras, seria um grande nome da literatura universal.

Nós te agradecemos por isso. Sê bem-vindo!

Consagrado e procurado por escritores jovens, jornalistas e intelectuais em geral, por suas sagazes opiniões sobre arte, literatura e vida, seu apartamento, no centro da cidade, continuou a representar um cenário literário.

Quase ao final de sua vida, em 1980, publicou *Prodígios*, ano em que também foi lançado *Endiabrados.* Esse romance, antes submetido a concurso do INL, teve os originais encaminhados para publicação por Flávio Moreira da Costa. Foi considerado o melhor romance do ano e, por isso, recebeu em 1981 o Prêmio Jabuti. Ainda em 1981, foram editados *Nuanças* e *Sol subterrâneo*.

Ao lado disso, inúmeros convites, notícias, cartas são sinais do apreço dos novos críticos. Dyonelio inúmeras vezes foi procurado por cineastas como Ivan Cardoso. Astolfo Araújo e a família, por Suzana Amaral, que nos anos seguintes fazem vários contatos para a filmagem de *Os ratos*, o que não se concretizou.

Em 1982 recebeu outro prêmio, o Fernando Chinaglia, da União Brasileira de Escritores, pelo romance *Nuanças*. Nesse mesmo ano foram editados mais dois inéditos: *Fada* e *Ele vem do Fundão*. Em 1983 realizou-se o grande sonho do escritor: apareceu em Paris a tradução francesa de *Os ratos*, como *L'argent du laitier*, numa edição Maurice Nadeau – Papyrus. Em 1984, a Assembleia Legislativa do Estado lhe concedeu a Placa de Prata, homenagem oficial como constituinte de 1947; em 1985 foi a vez da Secretaria de Saúde e Meio Ambiente do Estado de homenageá-lo, através da Direção do Hospital São Pedro, com diploma de Honra ao Mérito, por relevantes serviços prestados em prol do doente mental.

Uma vida longa e rica, em termos humanos, em participação política e literária. Dyonelio representou um corte no pensamento de sua geração.

Vanguardista de ideias, assimilou ideias socialistas recém-emergentes, incorporando-as aos princípios de verdade, solidariedade e justiça social em que se sustentam o convívio humano e a democracia. Sua obra ficcional se constitui em palavra metafórica sobre a vida, a arte e a literatura, em desafio para a compreensão do fenômeno literário. Suas memórias vêm completar suas palavras, com depoimento sobre a historicidade e as circunstâncias de sua vida e obra.

Porto Alegre, julho de 1989.

Ivan Cardoso

Obras de Dyonelio Machado*

MACHADO, Dyonelio. *Política contemporânea: três aspectos.* Porto Alegre, Barcellos, Bertaso & Cia., 1923.

___. *Um pobre homem.* Contos. Porto Alegre, Editora Globo, 1927.

___. *Uma definição biológica do crime.* Ensaios. Porto Alegre, Editora Globo,1933.

___. *Os ratos.* Romance. São Paulo, Cia. Editora Nacional, 1935.

___. *O louco do Cati.* Romance. Porto Alegre, Editora Globo, 1942.

___. *Desolação.* Romance. Rio de Janeiro, José Olympio, 1944.

___. *Eletroencefalografia.* Ensaios. Porto Alegre, Editora Globo, 1944.

___. *Passos perdidos*. Romance. São Paulo, Livraria Martins Editora, 1946.

___. Imagens fugitivas. *Correio do Povo,* Porto Alegre, 16 out. 1971. Caderno de Sábado.

___. *Deuses econômicos.* Romance. Rio de Janeiro, Gráfica e Editora Leitura, 1966.

___. *Proscritos.* Romance. Escrito em 1964 e editado por Siglaviva em 2014.

___. A literatura como consciência do povo. *Revista Escrita,* São Paulo – 1(1), 1977.

* N. E. Nesta relação constam as primeiras edições de cada livro. Vários deles foram reeditados por outras editoras.

___. Livros em trabalho. *Correio do Povo.* Porto Alegre, 3 jun. 1978. Caderno de Sábado.

___. Ele era como um papagaio. RAMOS, Graciliano (Org.). *Seleção de contos brasileiros Sul e Centro-Oeste.* Rio de Janeiro, Tecnoprint, 1978, v.3.

___. *Prodígios.* Romance. São Paulo, Moderna, 1980.

___. *Endiabrados.* Romance. São Paulo, Ática, 1980. Vencedor do Prêmio Jabuti, da Câmara Brasileira do Livro.

___. *Nuanças.* Romance. São Paulo, Moderna, 1981.

___. *Sol subterrâneo.* Romance. São Paulo, Moderna, 1981.

___. *Fada.* São Paulo, Moderna,1982.

___. *Ele vem do Fundão.* São Paulo, Ática, 1982.

___. *Memórias de um pobre homem.* Porto Alegre, IEL/RS, 1990.

___. *O estadista.* Romance. Escrito em 1926. *Cheiro da coisa viva,* Rio de Janeiro, Graphia Editorial, 1995

___. *Cheiro da coisa viva,* Rio de Janeiro, Graphia Editorial, 1995

___. *Terceira vigília* (romance escrito entre 1966 e 1980, ainda inédito)

D-M

DYONELIO MACHADO

Memórias de um pobre homem

Libretos

Livro composto em Baskerville, Ventana e Belarius,
com 160 páginas, impresso sobre papel Avena 70
gramas, pela gráfica Copiart, em maio de 2025.

Memórias de um pobre homem (2ª edição, Libretos) marca os 130 anos de nascimento de Dyonelio Machado, os 40 anos de sua morte e os 90 anos do lançamento de *Os ratos*, romance considerado sua obra-prima.